Christian Graf von Krockow

»Unser Kaiser«

Glanz und Sturz der Monarchie

Mit historischen Postkarten
aus der Sammlung Jürgen Christen

Deutscher
Taschenbuch
Verlag

dtv

Von Christian Graf von Krockow
sind im Deutschen Taschenbuch Verlag erschienen:
Politik und menschliche Natur (11151)
Die Stunde der Frauen (30014)
Die Reise nach Pommern (30046)
Friedrich der Große (30342)
Fahrten durch die Mark Brandenburg (30381)
Begegnung mit Ostpreußen (30493)

Im Text ungekürzte Ausgabe
Juni 1996
Deutscher Taschenbuch Verlag GmbH & Co. KG, München

ISBN 3-07-509507-9
Umschlaggestaltung: Tabea Dietrich, Klaus Meyer
Gesamtherstellung: C. H. Beck'sche Buchdruckerei, Nördlingen
Printed in Germany · ISBN 3-423-30539-8

Das Buch

Dies ist kein nostalgischer Rückblick auf die Zeit des letzten deutschen Kaisers. Dazu ist Christian Graf von Krockows Analyse der letzten deutschen Monarchie zu ernsthaft, wenn auch – wie immer bei Krockow – anekdotisch aufgelockert und unterhaltsam zu lesen. Im Mittelpunkt der Betrachtung steht Wilhelm II., seine Regierungszeit mit ihrem schneidigen Pomp und dem schmählichen Untergang. In Krockows fairer Darstellung werden sowohl die Verdienste des Kaisers deutlich, der als enthusiastischer Förderer moderner Technik der deutschen Industrie zu Weltgeltung verhalf, als auch sein labiler Charakter, seine fatale Selbstüberschätzung und Taktlosigkeit, die ihn und die Monarchie in den Ruin führten. Die kaiserliche Selbstdarstellung wird anschaulich durch Ansichtspostkarten, die eine begeisterte Monarchistin damals sammelte. Diesen Postkarten, auf denen der Kaiser und seine Familie – von Hofphotographen wirkungsvoll inszeniert – posieren, verdanken wir »das Panorama der Monarchie, das uns im Rückblick erheitern wie nachdenklich stimmen mag. Anschauung entsteht – und vielleicht sogar Einsicht.«

Der Autor

Christian Graf von Krockow, am 26. Mai 1927 in Ostpommern geboren, studierte Soziologie, Philosophie und Staatsrecht und lehrte Politikwissenschaft. Seit 1969 lebt er als freier Wissenschaftler und Publizist in Göttingen. Neuere Buchveröffentlichungen: ›Die Stunde der Frauen‹ (1988), ›Heimat‹ (1989), ›Die Deutschen in ihrem Jahrhundert‹ (1990), ›Fahrten durch die Mark Brandenburg‹ (1991), ›Preußen‹ (1992), ›Begegnung mit Ostpreußen‹ (1994), ›Von deutschen Mythen‹ (1995).

Inhalt

Vorwort

Die Märchen erzählen: Es war einmal. Zu den beliebtesten Märchenfiguren gehören König und Königin, Prinz und Prinzessin. Noch heute ist manchmal vom »Märchenprinzen« die Rede; junge Mädchen träumen von ihm, daß er sie erlöse.

Kein Märchen jedoch, sondern wirkliche Geschichte war einmal, daß Deutschland von mächtigen oder weniger mächtigen Königen, von Groß- oder Kleinherzögen regiert wurde. Sehr weit liegt das durchaus nicht zurück; am Anfang des Jahrhunderts, das sich jetzt seinem Ende zuneigt, bildeten neben den hanseatischen Stadtrepubliken Bremen, Hamburg und Lübeck zweiundzwanzig Fürsten den »ewigen Bund« des von Bismarck geschaffenen Reiches. Über allen thronte als blendende Erscheinung Seine Majestät der Kaiser, Wilhelm II., oft auch mit Hingabe und mit Stolz »unser Kaiser« genannt. Warum nicht? Dieser Mann war der mächtigste Regent Europas, das wiederum im Mittelpunkt der gültigen Weltordnung stand. Er war zugleich der Repräsentant seiner Epoche. Wie wir vom Elisabethanischen oder vom Victorianischen England sprechen, so vom Wilhelminischen Deutschland.

Wirklichkeit, die wie ein Märchen anmutet: Davon zeugt bereits die Vielzahl der Titel. Denn Friedrich Wilhelm II. Viktor Albert aus dem Hause Hohenzollern, geboren zu Berlin am 27. Januar 1859, war ja nicht nur der Deutsche Kaiser. Er war zugleich: König von Preußen, Markgraf zu Brandenburg, Burggraf zu Nürnberg, Graf zu Hohenzollern, souveräner und oberster Herzog von Schlesien wie auch der Grafschaft Glatz, Großherzog vom Niederrhein und Posen, Herzog zu Sachsen, Westfalen und Engern, zu Pommern, Lüneburg, Holstein und Schleswig, zu Magdeburg, Bremen, Geldern, Kleve, Jülich und Berg, sowie auch der Wenden und Kassuben, zu Krossen, Lauenburg, Mecklenburg, Landgraf zu Hessen und Thüringen, Markgraf der Ober- und Nieder-Lausitz, Prinz von Oranien, Fürst zu Rügen, zu Ostfriesland, zu Paderborn und Pyrmont, zu Halberstadt, Münster, Minden, Osnabrück, Hildesheim, zu Verden, Kammin, Fulda, Nassau und Mörs, gefürsteter Graf zu Henneberg, Graf der Mark und zu Ravensberg, zu Hohenstein, Tecklenburg und Lingen, zu Mansfeld, Sigmaringen und Veringen, Herr zu Frankfurt.

Inzwischen mag dies alles sehr fremd und fern anmuten, kaum mehr verständlich. Oder es mag uns mit Melancholie erfüllen: Viele der Titel verweisen auf Gebiete, die nicht mehr zu Deutschland gehören. Die Wirklichkeit der Geschichte aber muß verstanden werden, sofern wir nicht blind uns ihr ausliefern wollen. Und sie führt uns vor Fragen. Wie ist es zu deuten, daß die Monarchie bis ins 20. Jahrhundert als selbstverständlich erschien, um dann jäh in den Abgrund zu stürzen? Hätte das Unheil, das folgte, genährt aus der Sehnsucht nach dem Führer zum Heil, sich abwenden lassen, wenn die Monarchie geblieben wäre, sei es mit einer Auswechslung der Personen?

Das Verstehen braucht Begriffe. Doch die Begriffe allein, mit denen wir oft wie mit Keulen hantieren – Faschismus, Kommunismus, Asylanten, Linksintellektuelle, Rechtsradikale –, diese Begriffe täuschen das Verstehen nur vor. Anschauung muß hinzutreten, und gerade an ihr pflegt es zu fehlen, sobald wir es mit einer Vergangenheit zu tun bekommen, bis zu der unser Augenschein nicht mehr trägt. Daher ist es ein glücklicher Umstand, daß eine bedeutende Sammlung von Fotos sich erhalten hat, genauer eine Sammlung von Ansichtspostkarten. Weit über tausend sind es insgesamt; nur eine kleine Auswahl kann hier gezeigt werden. Eine Dame, gewiß als begeisterte Monarchistin, hat einst diese Sammlung angelegt, und ihr Erbe Jürgen Christen hat sie zur Verfügung gestellt.

Die Bilder mögen uns lächeln lassen, und doch und zugleich fordern sie zum Nachdenken heraus. Kann es Besseres geben als solch eine Kombination? Die hochmoralische Verbissenheit, mit der wir immerfort dazu gerufen werden, uns der Geschichte zu stellen, wirkt so abschreckend, wie sie auftritt. Ein Lächeln dagegen lädt zur Annäherung ein und macht sogar das Nachdenken leichter. Das Hin- und Herblättern zwischen dem Text und den Bildern sei darum mit Nachdruck – nein, mit einem Lächeln empfohlen.

Kaiserlied oder
Die mächtige Monarchie

Im Jahre 1913 schien die Welt noch in Ordnung. Seine Majestät der Kaiser, Wilhelm II., beging sein silbernes, das fünfundzwanzigjährige Regierungsjubiläum. Wer wollte da mäkeln, was zählte eine kleinliche Kritik? Man feierte den »Friedenskaiser«, man jubelte ihm zu.

Und wie denn nicht? In der Frühzeit seines Regierens, 1892, hatte Wilhelm II. so stolz wie zuversichtlich erklärt: »Das feste Bewußtsein Ihrer Meine Arbeit treu begleitenden Sympathie flößt Mir stets neue Kraft ein, bei der Arbeit zu beharren und auf dem Wege vorwärtszuschreiten, der Mir vom Himmel gewiesen ist. Dazu kommt das Gefühl der Verantwortung unserm obersten Herrn dort droben gegenüber und Meine felsenfeste Überzeugung, daß unser Alliierter von Roßbach und Dennewitz Mich dabei nicht im Stich lassen wird. Er hat sich solche unendliche Mühe mit unserer alten Mark und Unserem Hause gegeben, daß wir nicht annehmen können, daß er dies für nichts getan hat. Nein, im Gegenteil, Brandenburger, zu Großem sind wir noch bestimmt, und herrlichen Tagen führe Ich euch noch entgegen.«

Das mochte, als es gesagt wurde, wie ein Frevel geklungen haben; im Gegensatz zu seinem Großvater, dem er nach neunundneunzig Tagen auf dem Thron folgte, zeichnete Bescheidenheit den jungen Regenten so wenig aus wie Takt- oder Stilgefühl. Etwas allzu Forsches und unsicher Auftrumpfendes war in seinen Reden, etwas Protziges, um nicht zu sagen Neureiches in seinem Auftreten. Aber jetzt, im Rückblick aus dem Jubiläumsjahr, stellte sich vieles weit besser, ja glanzvoll dar. Wilhelm II. erschien als die Verkörperung, die Symbolfigur seiner Epoche, der in der Tat wilhelminischen Zeit, und die war geprägt von einer stetigen, in mancher Hinsicht sogar stürmischen Entwicklung. Deutschland rückte vorwärts, an England, das Mutterland der industriellen Revolution, heran und neben den Vereinigten Staaten von Amerika zur erstrangigen Wirtschaftsmacht auf, führend überdies auf zukunftsweisenden Gebieten wie der Chemie oder der Elektrotechnik.

Im Hintergrund des Erfolges standen Fleiß und vor allem Qualität, sei es der Ausbildung von Handwerkern, Facharbeitern und Ingenieuren, sei es – eben damit – der Produkte; die Herkunftsbezeichnung »Made in Germany«, 1887 von England zur Abwehr von »Schleuderware« erzwungen, verwandelte sich rasch ins Positive und schlug gegen seine Urheber zurück. Ohnehin unumstritten nahm die deutsche Wissenschaft weltweit eine Spitzenstellung ein. Dabei gab es Anlaß, dem Kaiser Dank zu sagen. Wie kein anderer Monarch war er der Zukunft, vor allem der technischen Zukunft, zugewandt. In den Worten seines Hofmarschalls, des Grafen Zedlitz-Trützschler:

»Immer von neuem muß man staunen, welch ungewöhnliches Interesse der Kaiser für viele moderne Anforderungen und Fortschritte hat. Heute sind es die Radiumstrahlen, morgen die Ausgrabungen in Babylonien, dann wieder die freie und voraussetzungslose Forschung, und schließlich auch ganz besonders die Entwicklung der Maschinentechnik. Mit dem Übergang von der Kolbenmaschine zur Turbine und eventuell zum

Kaiser Wilhelm II. trinkt auf das Wohl der deutschen Armee

Automobil beschäftigt er sich auf das allereingehendste. Alle auf diesen Gebieten sich vollziehenden Fortschritte werden sowohl in der Literatur und, soweit dies möglich, auch in der Praxis auf das sorgfältigste verfolgt, und Männer, die mit diesen Fortschritten in Beziehung stehen, werden, wenn irgend möglich, zu persönlicher Erklärung und Bekanntschaft herangezogen.«

Es mochte etwas voreilig sein, wenn Wilhelm II. schon 1908 den Grafen Zeppelin als »den größten Deutschen des 20. Jahrhunderts« feierte. Doch als Werkstätten des Fortschritts hat er die Technischen Hochschulen ebenso nachdrücklich gefördert, wie die Grundlagenforschung in der 1911 gegründeten Kaiser-Wilhelm-Gesellschaft, die – freilich nach dem Zweiten Weltkrieg zur Max-Planck-Gesellschaft umbenannt – noch heute besteht.

Der wilhelminische Fortschritt läßt sich an einem Sachverhalt exemplarisch ablesen: an der Auswanderung. Im 19. Jahrhundert verließen Millionen von Menschen ihre Heimat, von der Not getrieben, und zogen nach Übersee, vor allem nach Amerika. Allein zwischen 1871 und 1890 gab es fast zwei Millionen deutscher Auswanderer. Seit 1893 aber gingen die Zahlen drastisch zurück und schrumpften bald ins Bedeutungslose, obwohl die Bevölkerung noch immer wuchs – von 41 Millionen im Jahre 1871 auf fast 67 Millionen 1913. Noch eindrucksvoller wirkt der Kontrast: Im Jahre 1912 verzeichnete das Reich 18545 Auswanderer, Großbritannien mit Irland fast eine halbe Million, Italien mehr als 700000. Die kritische Phase war durchschritten, der wirtschaftliche Fortschritt hatte das Bevölkerungswachstum eingeholt; Deutschland bot den Deutschen Arbeit und Brot.

Gewiß gab es Probleme und sogar Ängste, vor allem im Blick auf die »rote Gefahr«. Wenn im Reichstag von 1871 bei einem Stimmenanteil von 3,2 Prozent zwei Arbeitervertreter gesessen hatten, dann verfügten die Sozialdemokraten seit 1912 über 34,8 Prozent und 110 Mandate. Bei genauem Hinsehen hätte man allerdings erkennen können, daß die Sozialdemokratie sich unter der Hülle ihrer revolutionären Sprache zwar langsam, aber unaufhaltsam zu einer disziplinierten und verantwortungsbewußten Reformpartei entwickelte. Denn längst hatten ihre Wähler mehr zu verlieren als nur »ihre Ketten«: Die Reallöhne stiegen, die Arbeitszeiten schrumpften, und der Ausbau des Sozialstaates schritt spürbar voran. Im Vergleich mit anderen Ländern durfte man ihn beispielhaft nennen.

Andererseits kam die Angst vor dem roten Gespenst, die im Bürgertum umging, der Monarchie durchaus zugute. Daß sie

Ein Jahr vor Beginn des Ersten Weltkrieges beging Wilhelm II. sein fünfundzwanzigjähriges Regierungsjubiläum. Man feierte den »Friedenskaiser«.

mächtig war und nicht, wie in England, ohnmächtig den Parlamentsmehrheiten ausgeliefert schien, daß der Kaiser und eben nicht der Reichstag den Kanzler ernannte oder entließ und so über die Richtlinien der Politik bestimmte, daß er zudem als Oberbefehlshaber einer zuverlässigen Armee außer Frage stand, das mochte zwar von Fall zu Fall die Kritik nähren. Aber es beruhigte zugleich. Am Ende, falls es wirklich einmal hart auf hart kommen sollte, bot die mächtige Monarchie jenen Schutz an, den ein berühmter oder berüchtigter Satz beim Namen nannte: »Der König von Preußen und der deutsche Kaiser muß jeden Moment imstande sein, zu einem Leutnant zu sagen: Nehmen Sie zehn Mann und schließen Sie den Reichstag!»

Die mächtige Monarchie: Wie denn sollte sie sich anders als selbstbewußt darstellen? Aus dem preußischen Ursprung hatte sie im Nachweis der Leistungstüchtigkeit, im Glanz ihrer siegreichen Waffen 1871 den Jahrhunderttraum der Deutschen von der Einheit, vom starken, erneuerten »Reich« erfüllt, an dem die Revolution von 1848 und das Frankfurter Paulskirchenparlament schmählich gescheitert waren. Sie hatte sozusagen den Wahrheitsbeweis für den Satz geliefert, der Anstoß erregte, als Otto von Bismarck ihn 1862 in die Debatte warf: »Nicht durch Reden und Majoritätsbeschlüsse werden die großen Fragen der Zeit entschieden – das ist der Fehler von 1848 und 1849 gewesen –, sondern durch Eisen und Blut.«

Es war Bismarcks Geniestreich gewesen, daß er in einer »Flucht nach vorn« den alten, monarchisch bestimmten Obrigkeitsstaat aus seiner preußischen Weglosigkeit zur Gründung der nationalen Einheit führte und damit das Bürgertum mit diesem Staat versöhnte. Fortan erschien er als Schutz und Schirm wider die Ängste im Innern und die Gefahren von außen; fortan stellte sich das deutsche Selbstgefühl als ein Macht- und Siegesbewußtsein dar.

Zur Anschauung hilft das Symbol, das Sebastian Haffner, noch aus eigenem Erleben, geschildert hat: »Der Sedantag war ein rundes halbes Jahrhundert lang *der* deutsche Nationalfeiertag, mit Paraden, Beflaggung, Schulfeiern, patriotischen Reden und allgemeinen Hochgefühlen. Und zwar war es, muß man wahrheitsgemäß und mit einiger Beschämung gestehen, der einzige wirklich effektive Nationalfeiertag, den die Deutschen jemals gehabt haben. Was nachher an seine Stelle trat, der 11. August, Verfassungstag der Weimarer Republik, der 1. Mai der Nazis, der 17. Juni der Bundesrepublik, das war alles nichts Rechtes mehr: halt ein freier Tag und ein paar Weihestunden und Reden, die keinen sonderlich interessierten. Aber der 2. September, Sedantag, mein Gott, da war wirklich noch was los! Das war eine Stimmung – ich finde für die heutige Zeit keinen anderen Vergleich –, als ob die deutsche Nationalmannschaft die Fußballweltmeisterschaft gewonnen hätte, und zwar jedes Jahr aufs neue.

Alle Jahre wieder wurde die große Schlacht im Geiste noch einmal siegreich durchgekämpft, immer wieder brachen die französischen Kavallerieattacken im deutschen Musketenfeuer zusammen, immer wieder übergab der französische Kaiser als gebrochener Mann ... dem Preußenkönig seinen Degen. Jeder trug im Kopf die triumphalen Bilder, die damals zu Hunderttausenden in Deutschlands guten Stuben hingen: König Wilhelm, der Heldengreis, inmitten seiner Paladine auf der Höhe von Frésnois; Moltke bei den Kapitulationsverhandlungen, den Handrücken lässig auf der Generalstabskarte, auf die die französischen Unterhändler wie auf ein Todesurteil starrten; der gigantische Bismarck neben dem häßlichen Zwerg Napoleon auf der schütteren Holzbank vor dem Weberhäuschen in Domchérie – alle diese Szenen des Triumphs Jahr für Jahr aufs neue nachzuschmecken, das war ein wirkliches Fest. Von den Hochgefühlen patriotischen Selbstgenusses, mit denen das gefeiert wurde, macht man sich heute kaum noch eine Vorstellung.«

Die siegreiche Schlacht, der Triumph über den »Erbfeind« als nationales Symbol – und im Kern aller Selbstdarstellung die mächtige Monarchie: Dieser Tatbestand läßt sich auch an der Verfassung des Reiches ablesen. Genau genommen und im

Grunde nur folgerichtig lebten die Deutschen nämlich gar nicht in einem eigenen Staat, vielmehr als Preußen, Sachsen, Bayern, Württemberger oder Oldenburger in dem »ewigen Bund« ihrer Fürsten, zu dem sich noch die Hansestädte gesellten. Paul Laband, der maßgebliche Staatsrechtslehrer der Bismarckzeit, hat den Sachverhalt präzise erfaßt, wenn er schrieb: »Das Deutsche Reich ist nicht eine juristische Person von 40 Millionen Mitgliedern, sondern von 25 Mitgliedern.«

Diese Bündnispartner, die eigentlichen Souveräne, waren in ihrem Verfassungsorgan, dem Bundesrat, mit Gesandten vertreten, die den Diplomatenstatus besaßen wie die Botschafter fremder Länder. Und die Einzelstaaten besaßen eigene Minister des Auswärtigen. In Württemberg zum Beispiel war dies von 1906 bis 1918 der Großvater des heutigen Bundespräsidenten, Dr. jur. et med. h. c. Carl – seit 1916 Freiherr – von Weizsäcker, zugleich Ministerpräsident, Minister der Familienangelegenheiten des Königlichen Hauses und Ordenskanzler. Im »ewigen Bund« aber stellte der König von Preußen – unter dem romantisch schmückenden Kaisertitel – »das Präsidium« dar, und der Reichskanzler war sein Geschäftsführer. Selbstbewußte Honoratioren der Hansestädte redeten daher – völlig korrekt – den Kaiser nicht als »Eure Majestät«, sondern als »Hoher Verbündeter« an.

Wenn man die Verhältnisse noch aus einer anderen Perspektive, mehr persönlich und intim als formal betrachtet, dann stellte sich das Reich als eine Art von Familienunternehmen dar. Wilhelm I. war mit Augusta von Sachsen-Weimar verheiratet, Wilhelm II. mit Augusta Viktoria von Schleswig-Holstein-Sonderburg-Augustenburg, Kronprinz Wilhelm mit Cecilie von Mecklenburg-Schwerin, und irgendwie, sei es um ein paar Ekken, war beinahe jedes Fürstenhaus mit jedem verwandt oder verschwägert. Nur die Konfession bildete eine gewisse Grenzlinie; vom bayerischen Hause Wittelsbach führten die Beziehungen eher zum österreichischen Hause Lothringen-Habsburg. Übrigens fand im wilhelminischen Jubiläumsjahr 1913 die vielbeachtete Heirat der Kaisertochter Viktoria Luise mit Ernst August, dem Herzog zu Braunschweig und Lüneburg, statt. Sie galt als Zeichen der Versöhnung zwischen den Hohenzollern und den Welfen, die 1866 ihr Königreich Hannover an Preußen verloren hatten; nachdem der Vater des Herzogs am 24. Oktober 1913 einen Verzicht auf den Königsanspruch ausgefertigt hatte, konnte Ernst August am 1. November in Braunschweig die Regierung übernehmen.

Aber nicht nur das Deutsche Reich, sondern beinahe ganz Europa bildete eine Sonderform von Familienunternehmen. Denn man muß sich vor Augen führen, daß es sich um einen Kontinent der Monarchien handelte, sofern man von der Schweiz, Frankreich und – seit 1910 -- von Portugal absieht. Georg V., König von Großbritannien und Irland, verheiratet mit Viktoria Mary Fürstin von Teck, und Wilhelm II. besaßen in der Königin Victoria eine gemeinsame Großmutter, waren also Vettern ersten Grades. Nur etwas weitläufiger geriet die Vetternschaft zum russischen Zaren Nikolaus II., verheiratet mit Alexandra von Hessen und bei Rhein.

Mit einiger Zuspitzung könnte man sogar sagen, daß der Kontinent ein deutschblütiges Familienunternehmen darstellte. Dank der Vielzahl seiner Fürstenhäuser bildete Deutschland den europäischen Heiratsmarkt schlechthin. In Rußland regierte das Haus Romanow-Holstein-Gottorp, in Großbritannien nach dem Hause Hannover das von Sachsen-Coburg und

Die einzige Tochter Wilhelms II., Viktoria Luise (1892 bis 1980), und Prinz Ernst August von Braunschweig (1887 bis 1953) im Jahr ihrer Hochzeit, 1913.

Gotha, das ohnehin auf eine bemerkenswerte Karriere zurückblicken konnte; es besetzte auch den belgischen und den bulgarischen Thron. In Griechenland und in Norwegen finden wir das Haus Schleswig-Holstein-Sonderburg-Glücksburg, in Rumänien die Hohenzollern. Und so fort und fort: Schwedens König Gustav V. war mit einer Prinzessin von Baden verheiratet, die niederländische Königin Wilhelmina mit Heinrich, Herzog zu Mecklenburg. Freilich, eine Garantie für Harmonie und für den Frieden bot das deutschstämmige Familienunternehmen keineswegs. Blickt man in die europäische Geschichte der Neuzeit oder auch des Mittelalters zurück, so hat die Erwartung fast immer getrogen, daß man durch fürstliche Heiraten und Familienverbindungen dauerhafte Bündnisse begründen könne. Machtbewußte Herrscher sind stets ihren eigenen Interessen gefolgt, und für die modernen Staaten gilt das erst recht, mag sie regieren wer will. Das zeigt auch die Gegenprobe: Wenn revolutionäre Umbrüche das Legitimitätsprinzip der angestammten Dynastien und mit ihm die Familienbindungen zerstörten, hat dies Bündnisse durchaus nicht verhindert, falls die Interessenlage sie als geboten erscheinen ließ. Gegen Leopold von Gerlach, den Verfechter einer prinzipienstrengen, einzig auf die Legitimität der angestammten Herrschaft setzenden Politik, hat Bismarck seinem eigenen Handeln vorweg schon 1857 die *Realpolitik* glanzvoll beschrieben:

»Wie viele Existenzen gibt es noch in der heutigen politischen Welt, die nicht in revolutionärem Boden wurzeln? Nehmen sie Spanien, Portugal, Brasilien, alle amerikanischen Republiken, Belgien, Holland, die Schweiz, Griechenland, Schweden, das noch heut mit Bewußtsein in der glorious revolution von 1688 fußende England; selbst für das Terrain, welches die heutigen deutschen Fürsten teils Kaiser und Reich teils ihren Mitständen, den Standesherrn, teils ihren eigenen Landständen abgewonnen haben, läßt sich kein vollständig legitimer Besitztitel nachweisen, und in unserm eignen staatlichen Leben können wir der Benutzung revolutionärer Unterlagen nicht entgehn. Viele der berührten Zustände sind eingealtert, und wir haben uns an sie gewöhnt...

Aber selbst dann, wenn die revolutionären Erscheinungen der Vergangenheit noch nicht den Grad von Verjährung hatten, daß man von ihnen sagen konnte, wie die Hexe im Faust von ihrem Höllentrank: ›Hier hab ich eine Flasche, aus der *ich selbst* zuweilen nasche, die auch nicht mehr im mind'sten stinkt‹, hatte man nicht immer die Keuschheit, sich liebender Berührung zu enthalten; Cromwell wurde von sehr antirevolutionären Poten-

Immerfort Uniformen, immerfort im Wechsel: »Alle Tage Maskenball.« Bis zu sechsmal täglich zog sich der Kaiser um.

taten ›Herr Bruder‹ genannt und seine Freundschaft gesucht, wenn sie nützlich schien; mit den Generalstaaten waren sehr ehrbare Fürsten im Bündnis, bevor sie von Spanien anerkannt wurden. Wilhelm von Oranien und seine Nachfolger galten, auch während die Stuarts noch prätendierten, unsern Vorfahrn für durchaus koscher, und den Vereinigten Staaten von Nordamerika haben wir schon in dem Haager Vertrage von 1785 ihren revolutionären Ursprung verziehn...

Wann und nach welchem Kennzeichen haben alle diese Mächte aufgehört, revolutionär zu sein? Es scheint, daß man ihnen die illegitime Geburt verzeiht, sobald wir keine Gefahr von ihnen besorgen, und daß man sich alsdann auch nicht daran stößt, wenn sie fortfahren, ohne Buße, ja mit Rühmen sich zu ihren Wurzeln im Unrecht zu bekennen.«

Bismarcks *Erfolg* hat dann die Deutschen beeindruckt und bis in die Tiefe geprägt. Es hat sie beinahe kritiklos dem folgen lassen, was sie selbst für »Realpolitik« hielten. Und trotz des unheilbaren Gegensatzes, der sich zwischen Wilhelm II. und dem Reichsgründer nach dessen Entlassung 1890 auftat, ist Bismarck doch der eigentliche politische Erzieher der nachfolgenden, wilhelminischen Generation geworden.

Der Kern dieser Erziehung, schrieb der Theologe und Philosoph Ernst Troeltsch im Jahre 1904, »war gerade der, daß das Wesen des Staates Macht ist, daß er sein festes Knochengerüst hat an einem schlagfertigen Heere, daß er der beständig drohenden Gefahr von außen und innen nur durch ebenso vorsichtigen als rücksichtslosen Machtgebrauch begegnen kann, und daß hierfür nichts so hinderlich ist, wie die Prinzipien und die Theorie... Es ist ein Ideal der Vorurteilslosigkeit und Unbefangenheit, das alles nur dem einen politischen Grundgedanken der dauernden, jedem Gegner überlegenen Macht unterordnet. Und dieses Ideal ist uns nach den langen Jahren politischen Elends, theoretischer Staatsideale, pathetischer Resolutionen und unfruchtbarer Forderungen der öffentlichen Zeitungsmeinung als der ungeheure Fortschritt erschienen, der uns die ersten Lebensbedingungen des Staats erst zum Verständnis gebracht hat«. Damit ist die Prinzipienlosigkeit »unter uns selbst zur Theorie geworden, die wir wohl auch mit etwas Nietzschescher Herrenmoral oder Darwinistischem Kampf ums Dasein versetzen, und die sich nur allzu leicht mit der Idealen der kurzangebundenen Schneidigkeit und der bürokratischen Amtshoheit verbinden, von denen der Nachwuchs der regierenden Klassen weithin erfüllt ist«.

Diese Beschreibung führt uns zurück zur mächtigen, aus dem militärischen Triumph geborenen Monarchie – und zu Seiner Majestät dem Kaiser als dem Sinnbild seiner Epoche. Das Schneidige wollte er selbst betont sehen. »Meine Nachfolger sollen einmal wissen, daß ich forsch war«, sagte er unwillig zum Reichskanzler, dem Fürsten Bülow, als der einen Redetext vor der Freigabe für die Presse zu glätten versuchte. Und bitter beklagte er sich nach einer Ansprache auf der Marienburg: »Meine Rede war der alten Hochmeister würdig... Sie aber lassen mich reden, als ob ich der Lehrer der Geschichte an einer höheren Töchterschule wäre.«

Erst recht begegnen sich der Zeitgeist und der Kaiser in ihrer Liebe zur Uniform. Die Geschichte des falschen »Hauptmanns von Köpenick« mochte sich als eine Posse darstellen, auf die man mit Gelächter reagierte. Aber handelte es sich nicht um eine wilhelminische Schlüsselgeschichte – und darum um eine Reaktion der peinlich Betroffenen? Die Uniform zeigte die Zugehö-

rigkeit zur Macht. Daher stolzierte der Gymnasialprofessor aus patriotischem Anlaß im längst pressend engen Rock des Leutnants der Reserve a. D. in die Aula seiner Schule; der Bahnhofsvorsteher gab sich mit seinem funktionswidrigen Schleppsäbel als Würdenträger zu erkennen, wie der Schutzmann unter der Pickelhaube. Selbst der Reichskanzler trat im Reichstag oft und gern in Uniform auf, die zivilistischen Abgeordneten distanzierend, von denen einer, der Liberale Ludwig Bamberger, den Eindruck geschildert hat: »Das deutsche Parlament ist das ein-

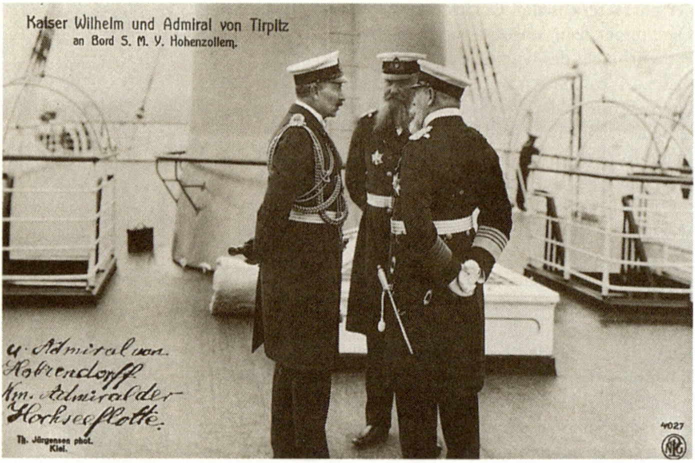

Was offiziell versäumt wurde, hat jemand privat auf der Postkarte nachgetragen: Der dritte im Bunde war Admiral von Holtzendorff, Kommandierender Admiral der Hochseeflotte.

zige in der Welt, in welchem die Minister und ihre Vertreter mit dem Säbel an der Seite erscheinen und mit der Hand auf dem Degenknauf ihre Reden halten. Bei etwas lebhaften Regungen in der Debatte geschieht es auch, daß unwillkürlich diese Stützung der Hand auf dem Schwertgriff sich zu einer charakteristischen Gebärde gestaltet. Auch diese Eigentümlichkeit unserer repräsentativen Zustände entbehrt nicht des tieferen Sinnes.«

Und wie dann erst beim Kaiser! Betrachtet man die überlieferten Bilder, so fällt auf, daß die zivilen fast völlig fehlen, auch bei durch und durch zivilen Anlässen. Immerfort sehen wir die Pracht der Uniformen, übrigens immerfort im Wechsel, als gehe es – ganzjährig – um einen martialischen Karneval. Meist handelte es sich um preußische Regimentsuniformen, sei es des Ersten Garderegiments zu Fuß, der Leibgardehusaren und so fort, manchmal auch um ausländische, weil der Kaiser bei österreichischen, russischen oder englischen Regimentern die Stellung eines Ehrenkommandeurs bekleidete. Außerdem liebte Wilhelm II. die historische Kostümierung, besonders die friderizianische, und schließlich spielte die Marineuniform eine wichtige Rolle. Bisweilen nahmen die Verkleidungen fast groteske oder zwanghafte Züge an: Zum Empfang des britischen Botschafters erschien Seine Majestät als britischer Admiral, als deutscher dagegen, wenn in der Oper ›Der fliegende Holländer‹ auf dem Programm stand. Erst im Krieg wich der farbige Wechsel einem feldgrauen Einerlei.

Der Hang zum Marineblau kam kaum von ungefähr. Er symbolisierte den wilhelminischen Bürgertraum, daß Deutschland dazu bestimmt sei, über die Beschränkungen einer kontinentalen Großmacht hinauszugreifen und »Weltmacht« zu werden. Neben vielen anderen hat der große Gelehrte Max Weber diesen Traum bündig formuliert, als er 1895 sagte: »An unserer Wiege stand der schwerste Fluch, den die Geschichte einem Geschlecht als Angebinde mit auf den Weg zu geben vermag: das harte Schicksal des politischen Epigonentums ... Entscheidend ist auch für unsere Entwicklung, ob eine große Politik uns wieder die Bedeutung der großen politischen Machtfragen vor Augen zu stellen vermag. Wir müssen begreifen, daß die Einigung Deutschlands ein Jugendstreich war, den die Nation auf ihre alten Tage beging und seiner Kostspieligkeit halber besser unterlassen hätte, wenn sie der Abschluß und nicht der Ausgangspunkt einer deutschen *Weltmachtpolitik* sein sollte.«

Die Verwirklichung des Traums aber bedurfte eines neuen Machtinstruments, das beweglicher und weiträumiger eingesetzt werden konnte als herkömmlich die Armee. Deutschlands

Zukunft als Weltmacht lag, wie man sagte, »auf dem Wasser«. Der Schlachtflottenbau geriet daher zum eigentlichen Machtprojekt, zum Riesen- und Lieblingsspielzeug der Epoche, und einmal mehr erwies sich Wilhelm II. als ihr Repräsentant. Er trat als der erste Seemann der Nation auf, als eifrigster Förderer der Marine. Im Jahre 1897 ernannte er den Mann zum Staatssekretär des Reichsmarineamtes, der sich als überragender Organisator und Propagandist des Flottenbaus erweisen sollte: Alfred Tirpitz. Mit der Vorlage der Flottengesetze von 1898 und 1900 begann im Ernst die Realisierung des wilhelminischen Traums.

Rein technisch gesehen handelte es sich um eine Meisterleistung. In der kurzen Zeitspanne von nur anderthalb Jahrzehnten entstand die zweitstärkste und in vieler Hinsicht modernste Schlachtflotte der Welt. Unvermeidbar war allerdings, daß das große Vorhaben seine Spitze gegen die *alte* See- und Weltmacht schlechthin richtete, gegen England. Daraus nährte sich ein Verhältnis oder mehr noch Mißverhältnis von Bewunderung und Neid, eine Art von Haßliebe gegenüber den britischen Vettern. Auch diese Haßliebe hat Wilhelm II. beispielhaft verkörpert.

In einer altpreußischen Perspektive nahm sich das alles sehr sonderbar aus. Denn Brandenburg-Preußen war trotz seiner langen Ostseeküste und – seit den Tagen Friedrichs des Großen – seines ostfriesischen Besitzes an der Nordsee stets Landmacht geblieben, sofern man von der Episode des niederländisch erzogenen Großen Kurfürsten einmal absieht. Einzig die Armee konnte das zerrissene Staatsgebilde zusammenhalten und sichern, übrigens in den Schicksalszeiten des Siebenjährigen Krieges und der Befreiungskriege im Bündnis mit England. Mit dem wilhelminischen Drang zur »Zukunft auf dem Wasser«

machte sich also etwas Un- oder gar Antipreußisches bemerkbar, etwas Neu- und Nationaldeutsches; sehr bezeichnend hatte schon das Paulskirchenparlament von 1848 sogleich zum Aufbau einer Flotte angesetzt, die nach dem Sieg der Reaktion dann versteigert wurde. Preußische Konservative haben folgerichtig von der »gräßlichen« Flotte gesprochen oder – wie Philipp Fürst Eulenburg nach seinem Sturz aus der Kaisergunst – über den »Wassermilitarismus« gespottet.

Anders das Bürgertum. Einerseits rückte es im Kaiserreich zur wirtschaftlich eindeutig führenden Schicht und in seinen Spitzen zu einem Wohlstand, ja Reichtum auf, neben dem sich der preußische Adel auf seinen ostelbischen Gütern bescheiden, um nicht zu sagen kümmerlich ausnahm. Andererseits hatte das Bürgertum sich seit der Reichsgründung dem Triumph des alten Obrigkeitsstaates und dem erneuerten Prestige seiner adlig-militärischen Führungsschicht unterworfen. Nicht zu Unrecht hat man von einer »Verjunkerung der Bourgeoisie« gesprochen. Das Bürgertum hatte auf seinen eigenen, gegen den alten Staat freiheitlich begründeten Machtanspruch, wie er 1848 noch selbstverständlich war, verzichtet; es hatte eine Art von politischer Abdankung ausgerechnet in der Zeit seines wirtschaftlichen Aufstiegs vollzogen. Im Traum von der Weltmacht aber erneuerte sich dieser Machtanspruch in einer seltsam verwandelten, ins Aggressive verzerrten Gestalt, und der Schlachtflottenbau stellte sich gleich auf doppelte Weise als sein geeignetes Instrument dar.

Erstens war nämlich die Marine »reichsunmittelbar«; sie unterstand dem Kaiser, nicht dem König von Preußen, und daher entkam sie dem Bannkreis preußischer Traditionen. Sie war nicht mehr der Ausdruck eines besonders geprägten Milieus,

Hin und wieder empfing Wilhelm II. auch Frauen und Kinder an Bord seines Schiffes. Hier seine Tochter, seine Schwiegertochter mit Kindern und sein Sohn Adalbert.

sondern das wahrhaft nationale Instrument. Als Seeoffiziere konnten Bürgersöhne endlich Karriere machen und Ansehen gewinnen, ohne vom Prestige des Adels überschattet und erdrückt zu werden.

Zweitens erwies sich die Marine als ein Ausdruck spezifischer Modernität. Wenn der Adel die farbenprächtige Kavallerie liebte, die im Zeitalter der Repetier- und Maschinengewehre nur noch wenig taugte, wenn er im Grunde den »Rittmeister« für feiner befand als den »Hauptmann« und auf Fußartillerie und Pioniere schon herabsah, dann stellte sich die Flotte als Ingenieurs-Modernität dar, als die Macht aus Maschinen: nicht als die Nostalgie, sondern als die Zukunft jener Gewalt, die ein Oswald Spengler beschwor, als er der Jugend zurief: »Wenn ... sich Menschen der neuen Generation der Technik statt der Lyrik,

Damals wie heute schmückten singende und blumenreichende Kinder das Ansehen des Herrschers. Auch Wilhelm II. ließ sich gerne im Kreise seiner jüngsten Untertanen sehen.

der Marine statt der Malerei ... zuwenden, so tun sie, was ich wünsche und man kann ihnen nichts Besseres wünschen.«

Sieht man es so, dann zeigt sich Wilhelm II. in seiner Begeisterung für den technischen Fortschritt und für den Schlachtflottenbau noch einmal als der Repräsentant seiner Epoche, als ein sehr moderner Bürger-Kaiser. Sein Beharren auf dem Gottesgnadentum des angestammten Herrschers stand dazu keineswegs im Widerspruch. Es half, der Modernität eine besondere Weihe zu verleihen und den technischen Traum durch Romantik zu überhöhen, um in solcher Zurüstung mit »felsenfester Überzeugung ... auf dem Wege vorwärtszuschreiten, der Mir vom Himmel gewiesen ist«. Ein Muster zeichnet sich hier ab, das Schule machen sollte: Auf die »Vorsehung«, die ihn leite, hat sich später ein ganz anderer Führer berufen.

Jetzt aber, im Jubiläumsjahr, galt es erst einmal, den »Friedenskaiser« zu feiern. Schulchöre, die Mädchen wie die Jungen in den festlich-unpraktischen Matrosenkleidern oder -anzügen, sangen ihm das Kaiserlied, ursprünglich dem Großvater, Wilhelm I., zur Proklamation von Versailles zugedacht und inzwischen zur Hymne der mächtigen Monarchie aufgerückt:

Heil dir im Siegerkranz,
Herrscher des Vaterlands,
Heil, Kaiser, dir!
Du hast am Rhein gewacht,
hast Deutschland eins gemacht,
brachst seiner Feinde Macht;
Heil, Kaiser, Dir!

Sieger von Königgrätz,
Heil, König, dir gerät's,
mit dir ist Gott!
Sedan hat's auch bewährt:
Der unsre Ruh gestört,
gab da sein Kaiserschwert –,
Heil, Kaiser, Dir!

Nun mag Europa drohn!
Dich rief zum Kaiserthron
Germanias Dank.
Er, dem dein Herz geglaubt,

setze dir siegumlaubt
die Kaiserkron' aufs Haupt.
Heil, Kaiser, dir!

Herrsche nach Gottes Recht,
du und dein ganz Geschlecht,
Deutschland zum Heil!
Wahrheit dein Purpurkleid,
Gnade dein Krongeschmeid,
Friede dein Throngeleit!
Heil, Kaiser, dir!

Der Sturz in den Abgrund

Am 28. Juni 1914, ein Jahr nach dem glanzvollen Regierungsjubiläum des »Friedenskaisers«, fielen in Sarajewo die Schüsse, die den österreichischen Thronfolger Franz Ferdinand töteten und den Ersten Weltkrieg auslösten. Ob Wilhelm II. das Unheil hätte abwenden können, wenn er das wirklich gewollt hätte, steht dahin. Er war ein Mann der starken Worte, jedoch eher ein Zauderer, sobald es ums Handeln ging. So hat er zwar einerseits mit seinem persönlichen Appell an den Zaren einen Versuch unternommen, den Frieden zu retten. Andererseits ist er der eigenen Regierung nicht in den Arm gefallen, als diese die Kriegspartei in Wien stärkte statt zurückhielt, die Serbien demütigen wollte, ohne auf Rußlands Eintreten für den Balkanstaat Rücksicht zu nehmen. Im Ergebnis jedenfalls hat der Kaiser den europäischen Sturz in den Abgrund nicht verhindert.

Die ungeheure Begeisterung, die der Kriegsbeginn dann überall und nicht bloß in Deutschland auslöste, läßt es ohnehin als zweifelhaft erscheinen, ob ein einzelner, und sei er noch so mächtig, das Schicksalsrad hätte aufhalten können. Wahrscheinlich wäre etwas später und aus anderem Anlaß doch eingetreten, worauf nicht nur die Regierungen, sondern auch die Völker zutrieben.

Indessen erwies sich der Kaiser noch einmal als wortmäch-

tig. Als am Abend des 31. Juli die allgemeine Mobilmachung verkündet wurde, sang die vor dem Berliner Schloß versammelte Menge spontan den Choral »Nun *danket* alle Gott...« Danach sprach Seine Majestät vom Balkon herab und fand die zündende Parole: »Wenn es zum Kriege kommen soll, hört jede Partei auf. Wir sind nur noch deutsche Brüder.« Nach einem Zeitungsbericht rief dieses Wort einen Jubel hervor, »wie er in Berlin wohl noch niemals erklungen ist. Die Menge stimmte begeistert erneut patriotische Lieder an.« Zwei Tage später folgte

dann in einer Ansprache, die sich an die Thronrede vor den Abgeordneten anschloß, die Umformulierung, der Flügel wuchsen: »Ich kenne keine Parteien mehr. Ich kenne nur Deutsche.«

Dies allerdings war im Grunde schon das letzte, was die Deutschen von ihrem Monarchen und der Monarchie noch wirklich wahrnahmen und was sie beeindruckte. Es gehörte zur preußischen Tradition, daß die Hohenzollern mit ihren Truppen ins Feld zogen. Als der Krieg aber nicht, wie alle erwarteten, mit einem schnellen und glorreichen Sieg endete, sondern quälend und verlustreich im Stellungskampf erstarrte, geriet der Kaiser auf ein Abstellgleis, zu einer Art Schattenfigur des »Großen Hauptquartiers«. Reden waren hier nicht gefragt, außer bei Ordensverleihungen und nichtssagend dekorativen Empfängen. Alle Blicke richteten sich auf die wirklichen Heerführer – und zunehmend auf den Mann, der, geleitet von Erich Ludendorff, als der Retter Deutschlands erschien, so wie er im August 1914 der Retter Ostpreußens gewesen war: Hindenburg. Die Empfindungen und Hoffnungen, die sich nicht nur östlich der Weichsel, sondern im ganzen Lande mit ihm verbanden, werden in der Ballade sichtbar, die Agnes Miegel dem Sieger von Tannenberg widmete. »Und rings um den Dom«, heißt es darin,

> Rauschten jäh die Linden auf
> Als wachten in dem Ordenschor
> In ihren Grüften die Hochmeister auf.
> Und Fragen liefen Haus ab und auf:
> »Was singen die Jungen?
> Was wissen sie?«
>
> Und eine freudezitternde, schwingende Stimme schrie:
> »Sieg! Sieg! Wir schlugen die Russen bei Tannenberg!«
> . . . .
> Im Morgengrauen, dicht bei dicht,
> Vor dem Anschlag an der Mauerwand
> Alt und jung beieinander stand.
> Sie lasen murmelnd im ersten Licht
> Wort für Wort, wieder und wieder
> Und den Namen darunter.

Kaiser Wilhelm II.
im Felde

Keiner hat ihn gekannt.
»Hindenburg!«
Sie sprachen ihn laut einander vor.
»Wer ist er? Woher?«
Welke Hand hob kleine weiche Hand empor
Daß sie ihn nachzog. Greises Haupt beugte sich nieder,
Ließ rosigen Mund ihn stammeln. Sprach:
»Das ist Er,

Der Verheißne, der Greis aus dem Berg Vergessenheit,
Den unsere Not gerufen.
Vergiß ihn nie!

Er kam, er hat uns befreit.
Nie.«
Und ein verstörtes, zerquältes
Land griff aufatmend nach deiner mächtigen Hand
Und lehnte sich wie ein Kind an deine Knie!

In dem Maße, in dem die Leiden des Krieges zunahmen, wuchs das Bedürfnis nach mächtiger Führung, verständlich genug. Aber die Erwartungen richteten sich eben nicht mehr auf den Kaiser, sondern auf Hindenburg, in dem Wunschdenken oder dem Wunderglauben, daß er den unwahrscheinlichen Sieg bringen werde, so wie er ihn bei Tannenberg gebracht hatte. Am 29. August 1916 übernahm der deutsche Heldengreis als Chef des Generalstabs die Oberste Heeresleitung, die, dank Ludendorffs Entschlossenheit, mehr und mehr auch die politische Führung an sich riß und praktisch eine Militärdiktatur entwikkelte. Der Kaiser sah sich gezwungen, allem zuzustimmen, was die beiden mächtigen Männer wollten, die – im Krieg, vor dem Feind! – ihre Forderungen nötigenfalls mit der Androhung des Rücktritts durchsetzten.

Hinzu kam, daß der Krieg den wilhelminischen Traum von der Weltgeltung durch Seemacht als Illusion, um nicht zu sagen als Verhängnis erwies. Wie selbstverständlich lag vom ersten Tag an das deutsche Schicksal wieder in den Händen des Heeres. Die Schlachtflotte dagegen dümpelte untätig auf ihren Liegeplätzen, als gäbe es sie nicht. Ihr Baumeister Tirpitz hatte sie für die eine große Entscheidungsschlacht entworfen und eingeübt, die irgendwo zwischen Helgoländer Bucht und Themsemündung gegen den britischen Rivalen ausgefochten werden sollte. Tirpitz brachte auch das griffige Wort von der »Risiko«-Flotte

Die Kaiserin und Kronprinzessin beim Besuch Verwundeter
Kr. 67
Gott verläßt die Seinen nicht!

in Umlauf, eine Art von Abschreckungstheorie: England werde das Duell nicht wagen, wenn es den Untergang seiner eigenen Seemacht fürchten müsse.

Doch in Wirklichkeit bestand das Risiko genau darin, sich England zu einem entschlossenen Feind zu machen, der die Herausforderung annahm, seine Gegenrüstung verstärkte und sich auf den Kampf vorbereitete. Im übrigen ist das Ziel des Seekriegs kein »Sedan« auf dem Meer, nicht die eine glorreiche Schlacht, die in Stunden oder Tagen alles entscheidet, sondern die Sicherung der eigenen Verbindungen wie die Blockade der feindlichen, die erst in Monaten oder Jahren sich auswirkt. Darum gehören zum Seekrieg ganz andere Begriffe vom Raum und von der Zeit als zum Landkrieg.

Tirpitz und seine Mitstreiter hatten das nicht verstanden. Was sie schufen, war zwar technisch ein Meisterwerk, aber strategisch und politisch die große Illusion, die das Verhängnis barg. England mußte die Schlacht gar nicht schlagen, es konnte seine Blockadelinien weitab von den deutschen Küsten aufbauen und mit geringem Risiko sichern. Damit erfüllte die »Grand Fleet« exakt ihre Aufgabe, während die deutsche »Hochsee«-Flotte funktionslos blieb und daran auch innerlich verdarb, bis sie am Ende die Revolte oder Revolution aus sich hervortrieb.

Ähnlich oder erst recht barg der im Krieg improvisierte Versuch, der Marine eine neue und siegverheißende Aufgabe zu schaffen, Illusion und Verhängnis. Die Illusion war, daß man mit Hilfe der U-Boote, wenn man sie nur unumschränkt einsetze, England binnen kurzem auf die Knie zwingen könne – und das Verhängnis, die Vereinigten Staaten herauszufordern, deren Kriegseinsatz sich dann als entscheidend erwies. Die Ad-

Der Kaiser empfängtdie Offiziere des in Kiel anwesenden amerikanischen Geschwaders.

mirale hatten sich verschworen, daß die Großmacht jenseits des Atlantik ohnmächtig bleiben müsse und überhaupt nicht eingreifen könne, weil man ihre Transportschiffe vernichten werde. In Wahrheit vermochten die U-Boote den amerikanischen Aufmarsch in Europa nicht einmal zu stören; kein einziger Truppentransporter ist jemals versenkt worden.

Man muß diese Auflösung des wilhelminischen Traums von der Weltgeltung durch Seemacht, die der Krieg unerbittlich vollzog, im Auge haben, wenn man den Sturz der mächtigen Monarchie verstehen will.

Wilhelm II. war der erste Seemann der Nation, der begeisterte Förderer des Flottenbaus gewesen; er hatte verkörpert, daß die deutsche Zukunft »auf dem Wasser« liegen sollte. In der Gegenwart des Krieges aber wehten von dort die eisigen Schauer der Not, des Hungers und der Niederlage ins Land, wie die britische Seeblockade und das amerikanische Eingreifen sie verursachten. Wie also sollte der Kaiser nicht ein in den Schatten gerückter, gescheiterter, im Grunde schon gebrochener Mann sein, längst bevor seine Krone in den Staub rollte?

Um den Sachverhalt noch etwas anders, in politischer Perspektive zu formulieren: Bismarck hatte gewußt, daß das neugegründete Reich in seiner europäischen Zentrallage stets gefährdet blieb. Immer mußte es mit dem großen Landkrieg rechnen, im schlimmen Falle gegen Frankreich und Rußland zugleich. Mit allen seinen Kräften hat der Reichsgründer daher das Schlimme abzuwenden versucht und sich darum bemüht, die deutsche Macht in den Grenzen zu halten, die sich mit einer europäischen Machtbalance noch vertrugen. In seinen finstersten Alpträumen hat Bismarck sich schwerlich vorstellen können, daß man im Traum von der Weltmacht mutwillig auch noch die erste Seemacht zum Duell fordern würde. Aber genau dies geschah im Zeichen des Mannes, der Bismarck entlassen hatte. War es also dem Kaiser etwa nicht zur Last zu legen, daß er das Erbe des Reichsgründers im Frevel verspielte?

Allem Versagen ihrer politischen Führung zum Trotz haben die Deutschen unvergleichbar tapfer gekämpft. Aber im Sommer 1918 zeichnete sich unerbittlich die Niederlage ab. Der verzweifelte Versuch war gescheitert, mit der Heeresoffensive an der Westfront doch noch den Sieg zu erzwingen. Am 18. Juli begann der Gegenangriff der Alliierten, von Woche zu Woche mit stärkerer Beteiligung der amerikanischen Verbände; am 8. August folgte der »schwarze Tag des deutschen Heeres«, die Auflösung ganzer Divisionen. Gleichzeitig wurde erkennbar, daß Österreich-Ungarn und die anderen Verbündeten zusammenbrachen. Am 14. August befand sogar die Oberste Heereslei-

Aufgenommen von Ihrer Majestät der Kaiserin und Königin im Juli 1915.

tung, daß eine Fortführung des Krieges aussichtslos sei. »Wir waren am Ende! Wie Siegfried unter dem hinterlistigen Speerwurf des grimmen Hagen, so stürzte unsere ermattete Front; vergeblich hatte sie versucht, aus dem versiegenden Quell der heimatlichen Kraft neues Leben zu trinken.«

Das schrieb Hindenburg im Jahre 1920 in seinen Erinnerungen ›Aus meinem Leben‹. Und das allerdings war die Dolchstoßlegende, wider besseres Wissen, Wort um Wort als Lüge formuliert: Hindenburg selbst und Ludendorff waren es gewesen, die am 29. September die Übernahme der politischen Verantwortung durch eine neue, nunmehr parlamentarisch verantwortliche Regierung und den sofortigen Waffenstillstand gefordert hatten – zur höchsten Überraschung der »Heimat«, die noch standhielt. Damals sahen Hindenburg selbst und Ludendorff sich für einen kurzen Augenblick in die Rolle von Angeklagten versetzt: Als die Oberste Heeresleitung, um ihren Forderungen Nachdruck zu verleihen, einen Offizier nach Berlin entsandte, der den Staatssekretären und Vertretern des Reichstages die militärische Lage erstmals ungeschminkt schilderte, notierte ein Journalist die Reaktionen: »Ich höre die halberstickten Aufschreie, ich bemerke die hervorquellenden Tränen. Erwachen aus der Narkose, Zorn, Wut, Scham, Anklage: Wir sind jahrelang von den Militärs belogen worden, und wir haben daran geglaubt wie an ein Evangelium!«

Ludendorff allerdings wußte sehr genau, warum er einer neuen, parlamentarischen Regierung die Verantwortung zuschob; in einer Ansprache vor seinen Offizieren ließ er am 1. Oktober 1918 die Motive erkennen: »Ich habe aber Seine Majestät gebeten, jetzt auch diejenigen Kreise an die Regierung zu bringen, denen wir in der Hauptsache zu danken haben, daß wir so weit gekommen sind. Wir werden also diese Herren jetzt in die Ministerien einziehen sehen. Die sollen nun den Frieden schließen, der jetzt geschlossen werden muß. Die sollen die Suppe jetzt essen, die sie uns eingebrockt haben.«

Wie aber sollten denn diejenigen schuldig sein, die man bis zu diesem Tage von aller Verantwortung ausgeschlossen hatte? Folgte nach allem Heldenmut zum Tode nun die Zivilcourage zur Wahrheit? Ergab sich aus der Niederlage, aus dem Ende eines Traums von der Weltmacht, die Chance zur Ernüchterung und zur redlichen Erneuerung – oder, erst recht, der Weg in den Wahn? So lauteten die Fragen, die den Deutschen gestellt wurden, das war die Schicksalsprobe, die sie am Ausgang des Krieges erwartete. Ihre Feldherrn aber hatten schon vorweg nicht bestanden; sie hatten sich für den Selbstbetrug, für die Lüge entschieden.

Ein Opfer mußte indessen erbracht werden, das Kaiseropfer. Als Wilhelm II. sich im Großen Hauptquartier an den Gedanken klammerte, zwar als Kaiser abzudanken, aber als König von Preußen an der Spitze seiner Armee zurückzukehren, erklärte ihm General Groener, seit dem 26. Oktober Nachfolger des zurückgetretenen Ludendorff, kalt: »Das Heer wird unter seinen Führern und kommandierenden Generälen in Ruhe und Ordnung in die Heimat zurückmarschieren, aber nicht unter dem Befehl Eurer Majestät, denn es steht nicht mehr hinter Eurer Majestät.«

Groener berief sich auf eine Umfrage bei den Kommandeuren des Feldheeres, und am 10. November 1918, dem Tag, als ein Sonderzug den Kaiser in sein niederländisches Exil brachte, schloß er mit Friedrich Ebert einen Pakt, um Ruhe und Ordnung vor der Revolution zu retten. »Der Kaiser ging, die Gene-

Im November 1922 heiratete Wilhelm II. mit 64 Jahren in zweiter Ehe die fast dreißig Jahre jüngere Prinzessin Hermine von Reuß, verwitwete Prinzessin Schönaich-Carolath.

Rechts: Über die Geburt des ersten Urenkels Friedrich Wilhelm freute sich das Kaiserpaar 1939.

rale blieben«: Ähnlich reagierte die überwältigende Mehrheit der Staatsbeamten, im Glauben – oder glauben machend –, daß man weder einer Person gedient habe, noch den Parteien dienen werde, daß man vielmehr allein *dem Staat* als der höheren, überdauernden Einheit verpflichtet sei.

Hinter alledem verbarg sich offenbar ein Instinkt oder Interesse der Machterhaltung. Wie die Oberste Heeresleitung erst den verachteten Zivilisten das »Essen der Suppe«, die Verantwortung für Waffenstillstand und Friedensschluß, dann der »Heimat« die Schuld an der Niederlage zuschob, so galt es zu-

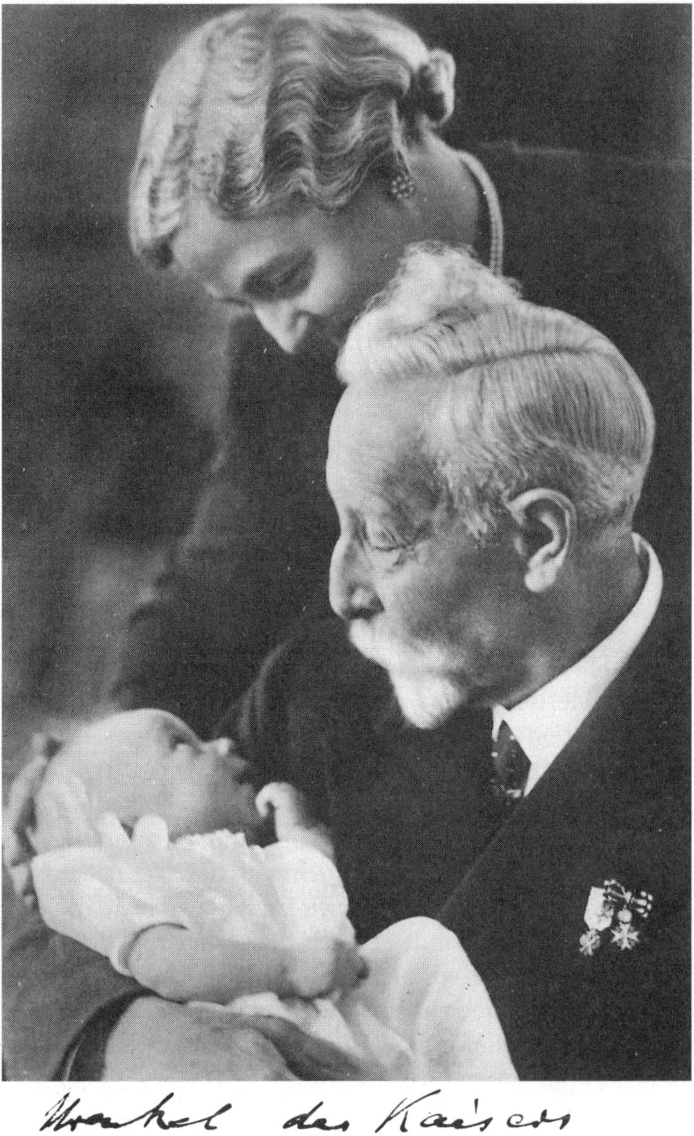

Urenkel des Kaisers
Sohn d. Prinzen Louis Ferdinand.

gleich, das Symbol des alten Obrigkeitsstaates zu opfern, um dessen Substanz zu retten. Die Tatsache, daß die Monarchie den konservativen Kräften in Staat und Gesellschaft bisher gleichsam als ein Schutzschild oder als Tarnkappe gedient hatte, um die eigene Parteilichkeit zu verdecken – diese Tatsache machte es um so dringlicher, jetzt abzuwerfen, was als Belastung erschien. Man konnte den Anschein erwecken, als habe sich vieles oder beinahe alles geändert, wenn nur erst die Monarchie preisgegeben war.

Wie die Stimmung in den gutbürgerlichen Kreisen Berlins aussah, nachdem getan war, was getan werden mußte, hat Ernst Troeltsch sarkastisch notiert: »Nach banger Nacht ward das Bild aus den Morgenzeitungen klar: der Kaiser in Holland, die Revolution in den meisten Zentren siegreich, die Bundesfürsten im Abdanken begriffen. Kein Mann tot für Kaiser und Reich! Die Beamtenschaft in den Dienst der neuen Regierung getreten! Die Fortdauer aller Verpflichtungen gesichert und kein Sturm auf die Banken! – Sonntag, den 10. November, war ein wundervoller Herbsttag. Die Bürger gingen in Massen wie gewöhnlich im Grunewald spazieren. Keine eleganten Toiletten, lauter Bürger, manche wohl absichtlich einfach angezogen. Alle etwas gedämpft wie Leute, deren Schicksal irgendwo weit in der Ferne entschieden wird, aber doch beruhigt und behaglich, daß alles so gut abgegangen war. Trambahnen und Untergrundbahnen gingen wie sonst, das Unterpfand dafür, daß für den unmittelbaren Lebensbedarf alles in Ordnung war. Auf allen Gesichtern stand geschrieben: Die Gehälter werden weiter bezahlt.«

Was zählte da noch die im Eid beschworene Treue? Tat man nicht seine Pflicht, sei es mit zusammengebissenen Zähnen, wie die Umstände es geboten? In Wahrheit jedoch handelte es sich

Zwar hatte Wilhelm II. am 24. November 1918 formlos eine Abdankungsurkunde unterschrieben, die mit den Worten schließt: »Ich bin hier nur noch Privatmann«, aber Fotos von ihm in Uniform gab es Zeit seines Lebens.

um eine aus Panik und Selbstgerechtigkeit trübe gemischte Opferung des Monarchen und der Monarchie. Ehre, wahrlich, trägt sie niemandem ein.

Um zusammenzufassen: Wilhelm II. war auf seine Weise der Mann des wilhelminischen Fortschritts gewesen, als »der Kaiser« – und kaum noch als König von Preußen – der Repräsentant einer Bürgergesellschaft, die, wie stillos und darum uniformsüchtig, wie unsicher und darum auftrumpfend auch immer, doch hinausstrebte über das Enge und Überholte des alten Staates. Weil aber dessen Macht und dessen Symbole, mit der

Armee vorab, prägend gewirkt hatten bis ins Innerste hinein, darum gelang es nicht, eine wirkliche Emanzipation zu suchen auf dem Wege politischer Reformen, in der Durchsetzung einer parlamentarischen Demokratie. Darum verlor man sich an den Versuch, die Macht des Alten mit einem neuen Machtinstrument zu übertrumpfen: an den Traum von der Weltmacht, der im Schlachtflottenbau sein Instrument finden sollte. Der Krieg erwies diesen Traum als politisch verhängnisvoll und militärisch sinnlos; er barg in sich das Scheitern.

Wie aber sollte Wilhelm II. begreifen, daß die deutschen Bürger, die er repräsentierte, ihm vieles nachsahen und beinahe alles verziehen, nur dieses Scheitern nicht, das in Wahrheit ihr eigenes war? Beinahe möchte man den Kaiser eine tragische Figur nennen, die unser Mitgefühl wecken könnte. Dies freilich würde voraussetzen, daß der Mann im Exil, in dem engen Kreis seines Hauses in Doorn, wenigstens im Rückblick so etwas wie Einsicht und damit wie Würde gezeigt hätte.

Aber nichts, nicht einmal ein Anhauch davon läßt sich erspüren. Überall, nur nicht bei sich selbst, suchte er nach den Schuldigen seines Sturzes. Und immer noch im fatalen Einklang mit den Strömungen der Zeit spielten dabei »die Juden« eine wachsende Rolle. Zugleich verlor sich der alternde Mann an die Illusionen: Immerfort tastete er nach den Möglichkeiten seiner mehr oder minder baldigen Rückkehr. Dies schloß die Hoffnung auf den Rechtsputsch ebenso ein, wie zumindest zeitweilig die Hoffnung auf Hitler. Ohnehin haben manche aus dem Kreis seiner Familie ein Bündnis mit den Nationalsozialisten nicht gescheut.

Am 10. Mai 1940 überfielen Hitlers Heere die neutralen Niederlande. Die Königin und die Regierung wichen ins Londoner Exil aus. Was aber zählte für Wilhelm II. jetzt noch die Gast-

»Haus Doorn« war für Wilhelm II. noch fast 23 Jahre lang der Wohnsitz im Exil. Sein Arbeitszimmer lag im Turm.

freundschaft, die die Niederlande ihm in der Stunde der Not gewährt hatten? Was die Abweisung des alliierten Begehrens nach Auslieferung – um von den jahrhundertealten engen Verbindungen zwischen dem Hause Hohenzollern und dem Hause Oranien nicht erst zu reden? Der Kaiser ohne Krone beging die letzte und vielleicht schlimmste seiner notorischen Taktlosigkeiten: Wenige Wochen später, nach dem deutschen Sieg über Frankreich, schickte er an Hitler ein Glückwunschtelegramm.

Ein Jahr später, am 6. Juni 1941, ist er, mit Recht fast vergessen, in Doorn gestorben.

Preußens Maßstab oder
Die tätige Monarchie

Wir wollen unsern guten alten Kaiser Wilhelm wiederhaben!« Oft genug, immer dann, wenn sie sich in den Wechselfällen ihrer neueren Geschichte ungerecht behandelt und schlecht regiert fühlten, haben die Deutschen das gesungen, halb im Spaß und halb im Zorn wider die jeweils herrschenden Zustände oder Personen. Und wie denn nicht? Wilhelm I. mochte kein Geistesriese gewesen sein, kein Mann der blitzenden, wortmächtigen Gescheitheit. Aber er war eine durch und durch vornehme Gestalt. Er verband Schlichtheit mit Selbstbewußtsein, Geradheit und Charakterstärke mit Taktgefühl und Liebenswürdigkeit gegen jedermann, auch und nicht zuletzt gegenüber Frauen. Sein hohes Alter – er war noch, 1797, im 18. Jahrhundert geboren – gab dem kaiserlichen Greis zusätzliche Würde. So genoß er allgemeine Achtung, ja weithin Verehrung, ganz besonders seit den beiden Attentaten, die im Jahre 1878 gegen ihn verübt wurden.

Seine größte politische Leistung bestand darin, einen so willensmächtigen und schwierigen Mann wie Bismarck in die Verantwortung zu berufen und fortan zu ertragen, obwohl er mehr als einmal und gewiß mit Recht geseufzt haben soll, daß es nicht leicht sei, *unter* Bismarck der Kaiser zu sein. Ihre härtesten Konflikte haben die beiden ungleichen Männer in den Stunden des Triumphes ausgetragen, zum Beispiel 1866 nach dem Sieg bei Königgrätz, als Wilhelm und seine Heerführer daran dachten, auf Wien zu marschieren und dort zu paradieren, während Bismarck die Demütigung Österreichs vermeiden und den schnellen Frieden erreichen wollte – und, wie stets, am Ende sich durchsetzte.

Noch bitterer geriet der Konflikt am Vorabend der Kaiserproklamation von Versailles am 18. Januar 1871, übrigens dem 170. Jahrestag der ersten preußischen Königskrönung. Indessen überall sonst der Jubel schon toste, bekannte dieser Hohenzoller seinem Kanzler unter Tränen: »Morgen ist der unglücklichste Tag meines Lebens. Da tragen wir das preußische Königtum zu Grabe.« In einem Brief an seine Frau hat der Sprachkünstler Bismarck den Vorgang bilderreich beschrieben: »Diese Kaisergeburt war eine schwere. Könige haben in solchen Zeiten die wunderlichsten Gelüste, wie Frauen, bevor sie der Welt hergeben, was sie doch nicht behalten können. Ich hatte als Accoucheur mehrmals das dringende Bedürfnis, eine Bombe zu sein und zu platzen, daß der ganze Bau in Trümmer gegangen wäre.«

»Wir wollen unsern guten alten Kaiser Wilhelm wiederhaben«: Dahinter mag sich etwas wie Nostalgie verbergen, eine Sehnsucht nach der »guten alten Zeit«. Nun war sie, wirtschaftlich betrachtet, so gut ganz gewiß nicht; wie schon erwähnt, erreichte in den zwei Jahrzehnten nach der Reichsgründung die deutsche Auswanderung nach Übersee ihren Höhepunkt. Und nicht der Übermut trieb die Menschen fort, sondern nackte Not hieß sie gehen, unterlegt von der Hoffnung auf ein besseres Leben, sei es auch erst für die Kinder oder die Enkel. Doch nicht wirtschaftlich ist der deutsche Spaß- und Zorngesang gemeint, sondern politisch. Gab es womöglich, verkörpert durch

Wilhelm I., etwas Besonderes und Besseres als alles, was später kam, eine Art von Geborgenheit, die dann nie mehr erreicht wurde?

Diese Frage führt zur anderen und gewichtigen: Warum eigentlich mußte 1918 mit einer Person, die gewiß nicht mehr zu halten war, auch die altehrwürdige Institution stürzen? Ihr Prinzip ließe sich in die überlieferte Formel fassen: »Der König ist tot, es lebe der König!« – oder in die Abwandlung eines Stalinsatzes: Die Monarchen kommen und gehen, aber die Monarchie bleibt bestehen. Warum also ließ sich das Ende der Monarchie nicht abwenden? Oder warum mußten alle deutschen Regenten abdanken, die 1871 ihr »ewiges Bündnis« geschlossen hatten? Warum fielen mit den Hohenzollern so alte Fürstenhäuser wie die Wettiner in Sachsen, die Wittelsbacher in Bayern oder die Welfen in Braunschweig?

Es ist seltsam: Kaum jemals ist diese Frage gestellt worden, und kaum jemand hat es für nötig befunden, sie zu untersuchen und zu beantworten, als sei mit der puren Tatsache des Sturzes bereits alles erklärt. Dabei handelte es sich doch wirklich um eine ehrwürdige Institution. Seit Menschengedenken waren die Deutschen an sie gewöhnt und hatten sich ihr gefügt, sei es mit Seufzen oder zufrieden. Noch Bismarck hatte in seinen ›Gedanken und Erinnerungen‹ geschrieben: »Die deutsche Vaterlandsliebe bedarf eines Fürsten, auf den sich ihre Anhänglichkeit konzentriert. Wenn man den Zustand fingierte, daß sämtliche deutsche Dynastien plötzlich beseitigt wären, so wäre nicht wahrscheinlich, daß das deutsche Nationalgefühl alle Deutschen in den Friktionen europäischer Politik völkerrechtlich zusammenhalten würden, auch nicht in der Form föderierter Hansestädte und Reichsdörfer. Die Deutschen würden fester geschmiedeten Nationen zur Beute fallen, wenn ihnen das Bindemittel verloren ginge, welches in dem gemeinsamen Standesgefühl der Fürsten liegt.«

Das allerdings wurde 1918 eindeutig widerlegt. Die Deutschen haben auch als Republikaner den Zusammenhalt ihres Nationalstaates gewahrt. Und niemand hat sich zur Verteidigung der Dynastien aufgerafft, nicht einmal sie selbst. »Macht euren Dreck alleene!« soll bei seiner Abdankung der König von Sachsen gesagt haben, der nicht zuletzt dank solcher Sprüche bei seinen Landsleuten populär blieb. Im übrigen schien der Fürstensturz nur wenige Menschen zu bekümmern, sofern man – ausgerechnet! – von dem Sozialdemokraten Friedrich Ebert einmal absieht, der seinen Parteifreund Philipp Scheidemann zornesrot anfuhr, als dieser am 9. November eigenmächtig die Republik ausgerufen hatte. Nur wenige haben später – außer vielleicht in Gedankenspielen – die Wiederherstellung der Monarchie ernsthaft betrieben.

Aber warum nicht? Daß Monarchie und Demokratie sich nicht vertragen, wie es der klassischen, von Aristoteles bis Montesquieu selbstverständlichen Lehrmeinung entspräche, scheint historisch widerlegt oder überholt zu sein. In der neueren Geschichte Großbritanniens, Belgiens, der Niederlande, Dänemarks, Norwegens und Schwedens sind die beiden, auf den ersten Blick einander ausschließenden Staatsformen offenbar ein tragfähiges und dauerhaftes Bündnis eingegangen. Und auf besondere, manchmal geradezu dramatische Weise hat sich dieses Bündnis in der neuesten spanischen Geschichte bewährt. *Gemeinsam* haben der König und eine demokratisch gewählte Regierung die große Aufgabe bewältigt, an der sie jeweils auf sich allein gestellt wahrscheinlich gescheitert wären: das Land aus der Diktatur herauszuführen und jeden rückwärtsgewandten Putschversuch abzuwehren. Früher oder später scheint dagegen die Monarchie überall dort zum Untergang verurteilt zu sein, wo sie sich, wie in Italien, auf ein Bündnis mit der faschistischen Diktatur oder sonst mit autoritären Herrschaftsverhältnissen eingerichtet hatte, wie etwa im Iran oder in Äthiopien.

Welche Krankheit befiel die ehrwürdige Institution der Monarchie in Deutschland, was ließ sie jäh und ohne jede Aussicht auf Wiederkehr stürzen? Eine erste Antwort muß womöglich lauten, daß niemand diesem Sturz so wirksam vorgearbeitet hat wie Bismarck. Nach dem preußischen Sieg über Österreich und seine deutschen Verbündeten im Krieg von 1866 demonstrierte er gegenüber Hannover, Kurhessen und Nassau, wie man alte Dynastien mit Schwertstreich und Federstrich enteignet. Außer der Gelegenheit, die den Dieb macht, gab es hierfür kein anderes Motiv als den Vorteil für Preußen: Eine ärgerliche Lücke sollte geschlossen und zwischen den Stammgebieten im Osten und den rheinisch-westfälischen Provinzen im Westen eine Landbrücke hergestellt werden. Und es gab kein anderes Recht als das einer Macht, die durchsetzen konnte, was ihr nützte, weil sie auf dem Schlachtfeld triumphiert hatte. Auch Preußens Konservative, obwohl auf das monarchische Prinzip als ihre Parteidoktrin eingeschworen, sind der Bismarckschen Machtpolitik nur zu willig gefolgt, weil sie sich gestärkt und bestätigt fühlten. Wer unbeugsam prinzipienfest blieb, wie ihr einstiger Vorkämpfer Ernst Ludwig von Gerlach, sah sich rasch beiseite gestoßen und verlacht, wenn er das künftige Unheil voraussagte.

Wahrscheinlich noch wichtiger waren die Folgen der Reichsgründung. Wilhelm I. erlag nicht der Altersstarrheit oder einer sentimentalen Anwandlung, sondern er weissagte, als er von der Grablegung des preußischen Königtums sprach. Denn je mehr das »ewige Bündnis« der Fürsten zum wirklichen Nationalstaat zusammenwuchs und sich als Einheit darstellte – sei es mit der Vollendung der Zollunion als Wirtschaftseinheit, sei es mit Reichsgericht (1879) und dem Bürgerlichen Gesetzbuch (1900) als Rechtseinheit –, desto deutlicher wurde, daß man als Repräsentanten der Einheit nur eine einzige Figur brauchte: Seine Majestät, den Kaiser. Der König von Preußen aber geriet ebenso wie die Könige von Sachsen, Bayern und Württemberg in den Schatten der Geschichte, um von all den Großherzögen, Herzögen oder Fürsten von Oldenburg, Mecklenburg-Schwerin und Mecklenburg-Strelitz, Sachsen-Weimar, Sachsen-Meinungen, Sachsen-Altenburg und Sachsen-Coburg-Gotha, Schwarzburg-Rudolstadt und Schwarzburg-Sondershausen,

Genauso wie die kaiserliche Familie, ließen sich auch die anderen deutschen Fürsten fotografieren, um per Ansichtskarte ihren Untertanen nahe zu sein.

Reuß ältere und Reuß jüngere Linie, Anhalt und Waldeck, Schaumburg-Lippe und Lippe nicht erst zu reden. Wozu taugte dieses bunte, mitunter bizarre Gewimmel eigentlich noch, außer zum deutschen und europäischen Heiratsmarkt – oder allenfalls zur Bewahrung eines deutschen Reichtums, der Vielfalt seiner Theater, Opernhäuser, Orchester und Museen, die der Kleinstaaterei so viel zu verdanken hatte? Politisch jedoch handelte es sich eher um einen Merkposten deutscher Zerrissenheit als um ein Symbol der glücklich gewonnenen Einheit. Die wesentlichen Auseinandersetzungen fanden ohnehin nicht mehr im Fürstenorgan, dem Bundesrat statt, sondern im Volksorgan, dem Reichstag. Mit anderen Worten: Die Landesdynastien konnten vom Novembersturm des Jahres 1918 leicht und folgenlos weggefegt werden, weil es auf sie nicht mehr ankam.

Wie aber stand es um die Reichsdynastie des Hauses Hohenzollern, die Bismarck geschaffen und für die er – dem Anschein nach – eine so nachhaltige Wiederaufwertung des monarchischen Prinzips erreicht hatte? Zunächst muß man wohl sagen, daß dem Kaisertum von Versailles eines der wichtigsten Merkmale fehlte, das sonst Monarchien – jedenfalls die historisch standfesten – auszuzeichnen pflegt: die Aura eines ehrwürdigen Alters. So nüchtern betrachtet, wie in des Kanzlers kühl kalkuliertem Verfassungsentwurf »das Präsidium« sich darstellt, war sie als Produkt einer »Revolution von oben« brandneu und beinahe so traditionslos, wie das napoleonische Kaisertum als das Endprodukt der französischen »Revolution von unten«.

Natürlich sollten auch Gefühle geweckt und Erinnerungen beschworen werden. Bewußt knüpften »Kaiser« und »Reich« an romantische Vorstellung vom Mittelalter, von einstiger Größe und Herrlichkeit an. Die Wiederkehr des Verlorenen bildete im 19. Jahrhundert ein Leitmotiv der nationalen Bewegung, in vielen Darstellungen populär gemacht, wie im »Barbarossa«-Lied von Friedrich Rückert:

Der alte Barbarossa,
der Kaiser Friederich,
im unterird'schen Schlosse
hält er verzaubert sich.

Er ist niemals gestorben,
er lebt darin noch jetzt;
er hat im Schloß verborgen
zum Schlaf sich hingesetzt.

Prinz Max von Baden war politisch als Liberaler profiliert und ist im düsteren Herbst 1918 der letzte Kanzler des Kaiserreichs gewesen.

Er hat hinabgenommen
des Reiches Herrlichkeit
und wird einst wiederkommen
mit ihr, zu seiner Zeit.

Rückert schrieb sein Lied 1816 oder 1817. Er starb 1866 und hat die Wiederkunft von Kaiser und Reich nicht mehr erlebt. Nach 1871 aber verwandelten sich Sehnsucht und Sage in den Triumph der Erfüllung. Bewußt wurde der »Weißbart« Wilhelm I. aus dem Hause Hohenzollern, manchmal auch »Barbablanca« genannt, zum auferstandenen Rotbart-Barbarossa Friedrich I.

aus dem Hause Hohenstaufen stilisiert. Bloß als Beispiel sehe man sich die Ausmalung des Kaisersaales zu Goslar durch Hermann Wislicenus an – oder und vor allem das Kyffhäuser-Nationaldenkmal, das seit 1890 erbaut wurde. Hier, so hieß es bei der Grundsteinlegung, wo »fromme Sagen das Sehnen des Volkes nach Einigung der Nation und stolzer Kaiserherrlichkeit verknüpft hatten, soll sich das Standbild Kaiser Wilhelms erheben, der das Reich erneuert hat«. Und so geschah's. 1896 folgte im Beisein Wilhelms II. die Einweihung des Monuments, das den schlafenden Barbarossa mit dem reitenden Wilhelm verband.

Unromantisch betrachtet hatte freilich »das Präsidium« des Bismarckstaates mit der Universalidee des mittelalterlichen Kaisertums so wenig zu tun, wie der moderne Nationalstaat mit dem Heiligen Römischen Reich. Überdies barg der altertümelnde Überschwang in seiner Verengung auf den Nationalismus des 19. Jahrhunderts Gefahren in sich, die – 1840 – schon Heinrich Heine sarkastisch geschildert hat:

»Sonderbar! trotz ihrer Unwissenheit hatten die sogenannten Altdeutschen von der deutschen Gelahrtheit einen gewissen Pedantismus geborgt, der ebenso widerlich wie lächerlich war. Mit welchem kleinseligen Silbenstechen und Auspünkteln diskutierten sie über die Kennzeichen deutscher Nationalität! Wo fängt der Germane an, wo hört er auf? Darf ein Deutscher Tabak rauchen? Nein, behauptete die Mehrheit. Darf ein Deutscher Handschuhe tragen? Ja, jedoch von Büffelhaut. Aber Bier trinken darf ein Deutscher, und er soll es als echter Sohn Germanias; denn Tacitus spricht ganz bestimmt von deutscher Cerevisia. Im Bierkeller zu Göttingen mußte ich einst bewundern, mit welcher Gründlichkeit meine altdeutschen Freunde die Pro-

skriptionslisten anfertigten, für den Tag, wo sie zur Herrschaft gelangen würden. Wer nur im siebenten Glied von einem Franzosen, Juden oder Slawen abstammte, ward zum Exil verurteilt. Wer nur im mindesten etwas gegen Jahn« – den »Turnvater« – »oder überhaupt gegen altdeutsche Lächerlichkeiten geschrieben hatte, konnte sich auf den Tod gefaßt machen, und zwar auf den Tod durchs Beil, nicht durch die Guillotine, obgleich diese ursprünglich eine deutsche Erfindung und schon im Mittelalter bekannt war…«

Das klingt nicht bloß komisch. Es klingt unheimlich – wenn man an das denkt, was ein Jahrhundert später in Deutschland geschehen ist. Dafür allerdings darf man das neudeutsche Kaisertum nicht verantwortlich machen. Ohnehin liegen seine Ursprünge eben nicht im Mittelalter oder gar in »altdeutschem« Wahn, sondern in der denkbar nüchternen Gestalt des preußischen Königtums.

Ihm müssen wir uns zuwenden, wenn wir verstehen wollen, was sich vollzog. Dieses Königtum begann im Jahre 1701 mit der Selbstkrönung Friedrichs I. Aber nicht er, sondern sein Sohn Friedrich Wilhelm I., der »Soldatenkönig«, der 1713 den Thron bestieg, hat dem preußischen Königtum sein besonderes Profil, seine gültige Gestalt verliehen. Wollte man dafür einen Begriff finden, so müßte man wohl von der *tätigen* Monarchie sprechen. Denn aufs Tätig- und Tüchtigsein kam es Friedrich Wilhelm an; Luxus und Müßiggang erschienen dagegen als die Quelle aller Laster.

Folgerichtig fegte Friedrich Wilhelm sogleich und mit harter Hand beiseite, was vorher typisch gewesen war: all den Prunk oder Plunder barocker Hofhaltung, des glanzvoll kostspieligen Aufwandes und galanten Lebens. Den König selbst bekam man bald nur noch in der schmucklosen Uniform eines Obersten zu sehen. Sofern er überhaupt Vergnügungen kannte, waren es die schlichten eines Bürgers, das Männergespräch beim Bier, und die eines Landedelmanns, die Jagd. Im Alltag aber kam es darauf an, rastlos tätig zu sein, um in Staat und Gesellschaft jenes Bündel von Tugenden durchzusetzen, das wir seither als »typisch preußisch« oder, von Preußens Prägung seiner deutschen Gründung her, als »typisch deutsch« einzustufen gelernt haben: Ordnungssinn, Fleiß und Sparsamkeit, Ar-

Zu den Söhnen und Töchtern hat man auf dieser Aufnahme einfach den Schwiegersohn und drei Schwiegertöchter hinzugezählt. In der Mitte sitzt die Kronprinzessin, zu diesem Zeitpunkt noch künftige Kaiserin.

stungsbereitschaft, die Pflichterfüllung im Dienst samt dem Gebot, auf keinen Fall wehleidig zu sein.

Das Erstaunliche, um nicht zu sagen Einzigartige der tätigen Monarchie wird im Vergleich sichtbar. Denn das Modell des Zeitalters für ein höfisches Leben, das die repräsentative Prachtentfaltung mit strenger Etikette verband, stammte aus Frankreich, aus Versailles, aus dem Sonnenkönigtum Ludwigs XIV., der noch regierte, als Friedrich Wilhelm sein Werk begann. Überall versuchten große und kleine Herrscher diesem Modell nachzueifern, und überall entstanden die großen barocken Schloßanlagen, die den Fürsten und seinen Hofstaat von den Bürgern distanzierten. Der einzige »Schloß«-Bau dagegen, den der Soldatenkönig sich gönnte, war das Jagdschloß Stern am

Das Kaiserpaar demonstriert mit den Enkeln ein glückliches Familienleben, das in Wirklichkeit keineswegs so harmonisch war.

Rande von Potsdam-Babelsberg. Es maß im Grundriß gerade neun mal sechzehn Meter. Der Form nach handelte es sich um ein niederländisches Bürgerhaus, das ohne aufzufallen auch in das »holländische« Viertel von Potsdam gepaßt hätte. Dort allerdings wurde für Handwerker gebaut.

Das Staunen des Zeitalters faßte ein Besucher in Worte, als er in Potsdam notierte: »Ich sehe hier einen königlichen Hof, der nichts Glänzendes und nichts Prächtiges hat als seine Soldaten. Es ist also möglich, daß man ein großer König sein kann, ohne die Majestät in dem äußerlichen Pomp und einem langen Schweif buntfarbiger, mit Gold und Silber beschlagener Kreaturen zu suchen. Hier ist die Hohe Schule der Ordnung und der Haushaltskunst, wo Große und Kleine sich nach dem Exempel ihres Oberhauptes mustern lernen.« Im Rückblick muß man vielleicht sogar sagen: In Preußen bereitete sich etwas Neues, ein Sonderweg vor, eine königliche »Revolution von oben« wider die europäische Norm.

Aber alles kam dabei auf den Mann an der Staatsspitze an. Welch eine Arbeit, welche Erziehung mußte er leisten, Tag um Tag, Jahr um Jahr, lebenslang, gegen Trägheit, Unverständnis und Widerstand ringsumher! Die Gegenwehr begann bereits in der eigenen Familie, besonders bei Friedrich Wilhelms Gemahlin Sophie Dorothea. Die stolze Welfin aus dem Hause Hannover sah sich um die Erwartung geprellt, im Mittelpunkt einer glänzenden Hofhaltung zu stehen. So entwickelte sich ein bitterer Ehekrieg, zu dessen Hauptschlachtfeld der Sohn und Thronerbe geriet, weil jede der Parteien versuchte, ihn im eigenen Sinne zu beeinflussen und zu formen.

Und welch ein Gebirge von Aufgaben insgesamt! Ein moderner Staat braucht eine moderne Leistungselite. Da aber das

Bürgertum durch den Dreißigjährigen Krieg tief und langfristig ruiniert worden war, ließ sie sich nur aus dem Landadel rekrutieren, der standesstolz und hartschädelig auf seinen Gütern saß. Ihm also mußte ein neues Ehrgefühl eingepflanzt werden, die Ehre des Dienens in Staat und Armee. In den verarmten Städten kam es darauf an, bei den Kaufleuten und in den Gewerben den Unternehmergeist anzutreiben oder überhaupt erst zu wecken. Wichtig schien in dem Agrarland Preußen erst recht, die Domänenverwalter, die Gutsherren und die Bauern zu besserem Wirtschaften zu überreden oder zu zwingen. Zugleich mußte man Kolonisten herbeirufen und dort ansiedeln, wo die Furien des Krieges oder – wie in Preußisch-Litauen – späte Züge der Pest das Land leergefegt hatten. Noch wichtiger und noch mühsamer war es, gegen Gleichgültigkeit, Verzopftheit, Ämterschacher und Bestechlichkeit einen modern organisierten Staatsapparat zu schaffen und ein verläßliches Beamtentum heranzubilden. Am allerwichtigsten war es für diesen König, seinem zerrissenen Land eine starke Armee zu schaffen.

Ins Bild gehört auch der Kampf um den Thronerben. Wenn der nämlich nicht annahm und weiterführte, was der Vater begann, war alles umsonst gewesen, eine Lebensleistung für nichts erbracht, als barbarischer Ausbruch aus den Normen höfischer Zivilisation womöglich dem Hohn preisgegeben. Die Methoden, mit denen der Vater seinen Sohn zum Preußen zu formen oder zu brechen versuchte, mögen brutal gewesen sein und uns noch im Rückblick schaudern lassen. Aber einige Mühe um Verständnis scheint dennoch geboten: Friedrich Wilhelm wurde nicht bloß von einem cholerischen Charakter getrieben, sondern von der Angst um sein Lebenswerk.

Insgesamt kann man sagen: Die preußische »Revolution von

Das »Mutterglück« der Kronprinzessin Cecilie mit zweien ihrer Söhne.

oben« stellte ganz unerhörte Anforderungen an den Mann, der die Willenskraft und Leistungsbereitschaft besaß, sie auszulösen und durchzusetzen. Denn nur bei der Anspannung aller Kräfte, im Lebenseinsatz seiner ganzen Person gab es eine Chance zum Gelingen. An den Freund und Exerziermeister seiner Armee, den Fürsten Leopold von Anhalt-Dessau, den »Alten Dessauer«, schrieb Friedrich Wilhelm einmal: »Parol' auf dieser Welt ist nichts als Müh' und Arbeit.« Das ließe sich als ein preußisches Staatsmotto – oder mehr noch als das preußische Königsprinzip begreifen.

Man könnte auch von einer Paradoxie sprechen. Einerseits

war Friedrich Wilhelm I. ein durch und durch machtbewußter absolutistischer Herrscher. Andererseits stellt er sich als eine Art von Bürger-König dar. Das gilt für seine persönliche Lebensführung ebenso, wie für die Tugenden, die er durchzusetzen versuchte. Denn was sind Ordnungssinn, Fleiß, Sparsamkeit, Arbeits- und Leistungsbereitschaft anderes als die klassischen Bürgertugenden der Neuzeit, besonders in ihrer protestantisch-calvinistischen Prägung, die den Lehrbüchern gemäß die Revolution der Moderne bewirkt haben? Friedrich Wilhelm hatte in seiner Jugend die Niederlande besucht und dort erfahren, was solche Tugenden hervorzubringen vermögen: ein blühendes, im Vergleich zu dem rückständigen und armen Preußen unvorstellbar wohlhabendes Gemeinwesen.

Anders als in den Niederlanden gab es jedoch in Preußen kein selbstbewußt tatkräftiges Bürgertum. Es gab den Obrigkeitsstaat und seine Untertanen. Darum mußte hier, um die Revolution der Moderne zu bewirken, alle Tatkraft vom Staat ausgehen – und alles Selbstbewußtsein davon, ihm dienen zu dürfen. Darum wurden die Bürgertugenden preußisch verwandelt; darum haben sie nicht die staunenswerte Bürgergesellschaft geschaffen, sondern den staunenswerten Staat, für den nicht der Wohlstand zählte, sondern die Macht. Vielleicht sollte man noch hinzufügen, daß die königlich preußische Revolution von oben, indem sie neuzeitliche Bürgertugenden ebenso durchsetzte wie verstaatlichte, die Bürgerrevolution »von unten«, wie sie 1789 in Frankreich losbrach, überflüssig gemacht – oder blockiert hat.

»Parol' auf dieser Welt ist nichts als Müh' und Arbeit«: Auf seine Weise hat der Thronerbe Friedrich dann danach gehandelt und ist darüber zum »Großen« geworden. Er hat das preußische

Königsprinzip geschildert, wenn er sagte: »Unser Staat braucht einen Herrscher, der alles mit eigenen Augen sieht und selbst regiert. Wollte es das Unglück, daß es anders würde, so ginge alles zugrunde. Nur durch emsigste Arbeit, beständige Aufmerksamkeit und viele kleine Einzelheiten kommen bei uns die großen Dinge zustande.« Vor allem hat Friedrich die preußische Parole neu und glanzvoll formuliert: »Es ist nicht nötig, daß ich lebe, wohl aber, daß ich meine Pflicht tue.«

Zumindest als Norm, als Ideal hat sich das durchgesetzt, denn immerfort ist es später zitiert und schon den Schulkindern eingeimpft worden, als sei es ein Religionsersatz, die Sinnerfüllung preußisch-deutschen Wesens. Nicht zuletzt hat die borussische Geschichtsdarstellung daraus einen Maßstab für die historische Größe oder das Versagen gemacht; der Nachfolger Friedrichs des Großen, Friedrich Wilhelm II., schneidet allein schon deshalb schlecht ab, weil er träge und als der »Vielgeliebte« – vielmehr der Vielliebende – den Sinnenfreuden ergeben war. So etwas fordert offenbar die Schicksalsstrafe heraus, wie sie dann im Jahre 1806 bei Jena und Auerstedt über Preußen hereingebrochen ist. Dagegen gehört zu den positiven Anekdoten um Wilhelm I., nämlich zum Ausweis seiner altpreußischen Bescheidenheit und Sparsamkeit, jene Wanne, die er sich auslieh und ins Schloß tragen ließ, wenn er baden wollte. Welch ungehöriger Luxus, eine eigene anzuschaffen!

Wie mächtig der einmal gesetzte Maßstab bis zuletzt gewirkt hat, zeigen die Äußerungen Wilhelms II. »Das feste Bewußtsein Ihrer Meine Arbeit treu begleitenden Sympathie flößt mir stets neue Kraft ein, bei der Arbeit zu beharren …«, hieß es in der Rede, die wir schon zitiert haben. In einer anderen Rede, 1903 in Kassel gehalten, wo er die Schule besucht hatte, sagte der Kaiser:

Kronprinz Wilhelm (1882–1951).

»Die ernsthaften, unablässigen Vorbereitungen, die Ich in Meinen Studien auf dem Gymnasium und unter der Leitung des Geheimrats Hinzpeter hier vornehmen konnte, hat Mich befähigt, die Arbeitslast auf die Schultern zu nehmen, die von Tag zu Tag in wachsender Bürde zunimmt. Und wenn schon damals Meine Lehrer, überzeugt von der hohen Aufgabe, die ihnen übergeben war, alles daransetzten, jede Stunde und jede Minute auszunutzen, um Mich für den kommenden Beruf vorzubereiten, so glaube Ich doch, daß niemand von ihnen sich darüber hat klar sein können, welche ungeheure Arbeitslast und welche niederdrückende Verantwortlichkeit demjenigen aufgebürdet ist, der für 58 Millionen Deutsche verantwortlich ist. Jedenfalls bereue Ich keinen Augenblick die Mir damals schwer vorkommenden Zeiten, und Ich kann wohl sagen, daß die Arbeit und das Leben in der Arbeit Mir zur zweiten Natur geworden sind.«

In Wahrheit war dieser Kaiser fast ständig unstet unterwegs, wie auf der Flucht vor geregelter Arbeit, so daß der Hofmarschall Zedlitz-Trützschler klagte: »Neun Monate reisen, nur die Wintermonate zu Hause! Wo aber bleibt auch da bei fortgesetzter Geselligkeit Zeit für ruhige Sammlung und ernste Arbeit?« Gewohnt treffsicher erfand der Berliner Witz die gebührende Formel: »Ich habe keine Zeit zum Regieren.« Aber gerade in dem Kontrast von Wahrheit und Worten wird die Macht des preußischen Maßstabs sichtbar: Der Monarch muß ihm huldigen und wenigstens dem Anschein nach gehorchen. Sieht man übrigens die Kasseler Rede noch etwas genauer an, so erkennt man die friderizianische Stilisierung, die auch in der Vorliebe für die entsprechenden Uniformen ihren Ausdruck findet: Der schweren Jugend folgt die Berufung zum Herrscher, die sich nicht nur aus dem Gesetz der Erbfolge, sondern von innen her begründet, weil dem Regenten »das Leben in der Arbeit zur zweiten Natur geworden« ist. Und war Wilhelm II. denn nicht, sei es auf schillernde, manchmal abstoßende Weise ein der Zukunft zugewandter Bürger-Kaiser – und so gesehen ein echter Hohenzoller?

Er hat freilich nicht nur von seiner Arbeit gesprochen. Oft und seltsam unvermittelt hat er daneben sein Gottesgnadentum betont. Er wollte »auf dem Wege vorwärtsschreiten, der Mir vom Himmel gewiesen ist«. Viele der Zeitgenossen haben das als abwegig und bei einem sonst doch modernen Herrscher als törichtes Schwadronieren, wenn nicht gar als Gotteslästerung empfunden. Aber vielleicht war es so abwegig nicht, wie es sich anhörte; vielleicht entsprang es einer abgründigen Unsicherheit samt dem Gefühl, daß die Arbeit allein zur Begründung der monarchischen Position nicht genüge. Denn das allerdings ist die Frage: Arbeitsbereitschaft und Leistung stellen im Grunde die typisch bürgerlichen Maßstäbe dar. Sie taugen dazu, einen Manager zum Vorstandsvorsitzenden seines Konzerns zu berufen, aber taugen sie auch für Könige?

Der Bürger-Revolutionär auf dem Thron, Friedrich Wilhelm I., mochte eine einzigartige Persönlichkeit sein und dem selbstgesetzten Maßstab des Tätig- und Tüchtigseins nicht nur genügen, sondern ihn geradezu verkörpern. Zudem fand er in seinem Sohn Friedrich den »würdigen successor«: einen Nachfolger, der den Vater noch übertraf. Gemeinsam haben die beiden großen Könige des 18. Jahrhunderts das klassische Preußen geschaffen – und, eben damit, dessen Maßstab so mächtig wie dauerhaft werden lassen. Aber die Monarchie beruht auf dem Erbprinzip, das die Weitergabe persönlicher Leistungen leider nicht verbürgen kann. Drastisch ausgedrückt: Daß jemand der älteste Sohn seines Vaters ist, garantiert schwerlich, daß es sich nicht um einen ausgemachten Trottel oder Bruder Leichtfuß handelt, der den Hof, die Firma, den Staat ruiniert.

Tatsächlich nehmen sich die Nachfolger Friedrichs des Großen mehr oder minder dürftig, zumindest durchschnittlich aus. Der Rang, den der alte Kaiser Wilhelm in der Erinnerung behauptet, beruht gerade nicht auf seinen eigenen Leistungen, sondern darauf, daß er die Größe aufbrachte, auf sie zu verzichten, als er Bismarck berief und fortan regieren ließ. Wilhelm II.

Wilhelm II. als alter Mann im Exil, zuletzt fast vergessen.

dagegen sprach sich selbst das Urteil, als er sich friderizianisch stilisierte und den Eindruck erweckte, als hinge das Wohl und Wehe der Nation von seiner Tüchtigkeit ab. Ein Vorstandsvorsitzender, der versagt und sein Unternehmen in die Verlustzone treibt, wird schleunigst entlassen. In solcher Perspektive war es nur folgerichtig, daß der Kaiser abdanken mußte, als aus den »herrlichen Tagen«, zu denen er die Deutschen führen wollte, die Katastrophe des Krieges und die Bitterkeit der Niederlage geworden waren.

Gedanken über eine ehrwürdige Institution

Das Ergebnis des vorigen Kapitels läßt sich knapp zusammenfassen: Das klassische Preußen des 18. Jahrhunderts ist aus dem unermüdlichen Tätig- und Tüchtigsein zweier herausragender Herrscher entstanden; gegen alle Wahrscheinlichkeit haben sie ihr armes, rückständiges und zerrissenes Land zur Großmacht von europäischem Rang emporgekämpft. Durch den Erfolg und den Ruhm beglaubigt, ist damit zugleich ein Ideal, ein Maßstab für den monarchisch geleiteten Staat entstanden, der weit in die Zukunft gewirkt hat. Doch die Nachfolger auf dem Thron konnten diesem Maßstab nicht mehr genügen. Eben darin nistete ein preußisch-deutsches Verhängnis – oder jedenfalls das Verhängnis der Dynastie.

Das Problem, um das es geht, wird in einer weiteren Perspektive sichtbar. Jede Gesellschaft steht vor der schwierigen Aufgabe, ihren Mitgliedern einen sozialen Ort, einen Status zuzuweisen. Und seit es die Arbeitsteilung, eine Vielfalt von Aufgaben gibt – nicht zuletzt Führungsaufgaben –, müssen unterschiedliche Ortsbestimmungen vorgenommen werden. Ungleichheit entsteht. Dafür braucht man, um Konflikte zu vermeiden, die in einen »Krieg aller gegen alle« ausufern, eine Form von Rechtfertigung, eine Legitimation. Darum hat die Menschheit Maßstäbe der Auslese erfunden – übrigens erstaunlich wenige. Im wesentlichen sind es fünf: Geburt, Geschlecht,

Alter, Wahl und Leistung. Diese Maßstäbe lassen sich in zwei Gruppen unterteilen: Geburt, Geschlecht und Alter gelten als »natürlich«; sie sind dem einzelnen vom Schicksal vorbestimmt. Wahl und Leistung stellen dagegen »künstliche« Veranstaltungen dar.

Mit der modernen Entwicklung, die schließlich zur Industriegesellschaft hinführt, läuft ein schwieriger, oft heftig umkämpfter und bis heute keineswegs abgeschlossener Verlagerungsprozeß ab, fort von den »natürlichen«, hin zu den »künstlichen« Maßstäben. In älteren Ordnungen blieb eine Kombination von Wahlverfahren und Leistungsauslese die Ausnahme. Sie kam vor, etwa im Krisenfalle, beim Ausbruch eines Krieges als Wahl des Heerführers, des Herzogs. Aber sogar dabei zeigte sich die charakteristische Tendenz, Titel und Amt erblich zu machen. Das war verständlich. Denn die »natürliche« Ortsbestimmung – daß zum Beispiel der älteste Sohn und nur er allein den Hof, den Adelstitel, den Thron erbte – stellte ein Mittel der Stabilisierung und Konfliktvermeidung dar: Über Entscheidungen, die immer schon vorweg von Gott oder der Natur getroffen waren, mußte man nicht erst mit Menschengewalt streiten.

Die Stabilisierung wurde zusätzlich verstärkt durch ihre geistige Überhöhung, bis hin zur Heiligung des Führungsamtes, die ihrerseits in geheiligten Formen der Darstellung, im rituellen Handeln ihren Ausdruck und ihre Festigung fand. Eine weitere Beglaubigung brachte die Dauer mit sich: Je älter ein Herrschergeschlecht, womöglich bis zu mythischen Ursprüngen hin, desto eindrucksvoller erschien es als von der Vorsehung oder von Gott für das Amt vorbestimmt, das von Generation zu Generation weitergegeben wurde.

Unser Kaiser in Aachen. Der Oberbürgermeister hält eine Ansprache.

Aber der vom Bürgertum bestimmte Aufbruch in die Moderne ändert alles; es erfolgt die dramatische Wendung von der Übermacht des Vergangenen zur Übermacht der Zukunft, die Karl Marx im ›Kommunistischen Manifest‹ farbig geschildert hat: »Die Bourgeoisie kann nicht existieren, ohne die Produktionsinstrumente, also die Produktionsverhältnisse, also sämtliche gesellschaftlichen Verhältnisse fortwährend zu revolutionieren. Unveränderte Beibehaltung der alten Produktionsweise war dagegen die erste Existenzbedingung aller früheren industriellen Klassen. Die fortwährende Umwälzung der Produktion, die ununterbrochene Erschütterung aller gesellschaftlichen Zustände, die ewige Unsicherheit und Bewegung zeichnet

die Bourgeoisepoche vor allen anderen aus. Alle festen, eingerosteten Verhältnisse mit ihrem Gefolge von altehrwürdigen Vorstellungen und Anschauungen werden aufgelöst, alle neugebildeten veralten, ehe sie verknöchern können. Alles Ständische und Stehende verdampft, alles Heilige wird entweiht, und die Menschen sind endlich gezwungen, ihre Lebensstellung, ihre gegenseitigen Beziehungen mit nüchternen Augen anzusehen.«

In der radikalen Ernüchterung bleibt vom Erbprinzip bloß noch das Biologische – und damit das Absurde: »Der König teilt das mit dem Pferd, daß, wie dieses als Pferd, so der König als König geboren worden wird... Der höchste konstitutionelle Akt des Königs ist daher seine Geschlechtstätigkeit, denn durch diese macht er einen König und setzt seinen Leib fort. Der Leib seines Sohnes ist die Reproduktion seines eigenen Leibes, die Schöpfung eines königlichen Leibes.«

Sieht man es so, dann bleibt als logische Schlußfolgerung eigentlich nur, daß mit der bürgerlichen Revolutionierung aller gesellschaftlichen Verhältnisse die Monarchie »verdampft« und früher oder später auf den Schrotthaufen der Geschichte befördert wird, weil sie unwiderruflich »entweiht« ist. Damit wäre die überdauernde Monarchie bloß noch als ein seltsamer, im besten Falle liebenswerter Anachronismus anzusehen. Es gäbe für sie keinerlei Rechtfertigung mehr, und sie würde einzig von der Neigung der Menschen und Völker bewahrt, sich romantisch-märchenhafte Erinnerungen oder nichtigen Luxus etwas kosten zu lassen – im Grunde kaum anders als den Besuch in Neuschwanstein oder in den »Erlebnisparks«, die sich mit dem Namen Walt Disneys verbinden. »Das sind *unsere* ›Rolling Stones‹!« antwortete in den sechziger Jahren eine ältere Dame auf die Reporterfrage, warum sie sich als Zuschauerin bei einer Fürstenhochzeit eingefunden habe. Kaum zufällig leben von der Touristikindustrie bis zur »Regenbogen«-Presse ganze Wirtschaftszweige davon, daß sie in durchweg nüchternen oder banalen Verhältnissen unsere romantischen Bedürfnisse befriedigen.

Aber dürfen wir es uns wirklich so einfach machen und die politische Bedeutung der in Teilen Europas noch immer bestehenden Monarchien ebenso hinwegerklären, wie die Dynastie des Tenno in dem sonst doch exemplarisch modernen Japan? Beruht die Sichtweise eines Karl Marx – wie auch die radikale Religionskritik des 19. Jahrhunderts seit Feuerbach, die Marx übernahm – womöglich auf einer preußisch-deutschen Blickfeldverengung, die dem Ehrwürdigen und dem Heiligen nur noch mit »Entmythologisierung«, mit seiner Entlarvung glaubt beikommen zu können?

Das sind schwierige Fragen. Zu ihrer Beantwortung mag uns der Brite Walter Bagehot helfen, der im Jahre 1867 sein berühmtes Buch ›The English Constitution‹ (deutsch: ›Die englische Verfassung‹, zuletzt 1971) veröffentlichte. Bagehot unterscheidet im modernen Verfassungsstaat zwei politische Grundelemente und zwei Arten von Institutionen. Die einen nennt er »efficient«, die anderen »dignified«. Man könnte dies mit »leistungsbezogen« und »ehrwürdig« übersetzen oder von Institutionen der Macht und Institutionen des Vertrauens sprechen. Zur Sache gehört auch die Organisation des Konflikts und die Repräsentation der Einheit.

Das Parlament – in Großbritannien das Unterhaus – stellt eine leistungsbezogene und die zur Gesetzgebung ermächtigte Institution dar, in der zugleich die Konflikte zwischen der Mehrheit und der auf Zeit zwar ohnmächtigen, aber auf die Übernahme der Macht angelegten, um sie kämpfenden Opposition ausgetragen werden. Erst recht ist natürlich die von der Mehrheit getragene Regierung eine mächtige Institution, die mit Fug an ihren Leistungen gemessen wird. Die Monarchie dagegen repräsentiert jenseits aller Konflikte die Einheit der Nation, ihren Ursprung und ihre Kontinuität in der Geschichte. Sie nimmt, mit anderen Worten, eine symbolische Funktion wahr.

Das ist nicht wenig und keineswegs etwas Überflüssiges, mit dessen Beseitigung man Zeit und Geld sparen könnte. Die symbolische Funktion wird im Gegenteil immer wichtiger, wenn das Zeitalter der Demokratie beginnt und die Parlamentsherrschaft sich durchsetzt. Denn in einer Epoche, in der – durchaus im Sinne von Marx – die Verhältnisse und Vorstellungen nicht mehr aufs Bewahren des Hergebrachten, sondern auf die Zukunft, aufs immer raschere Verändern angelegt sind, geht auch die Macht immer schneller von Hand zu Hand, von Gruppe zu Gruppe und von Mehrheit zu Mehrheit, je nach dem Wechsel der wirtschaftlichen Umstände oder der geistigen, manchmal bloß modischen Strömungen, kurz der gesellschaftlichen Kräfte, die sich in Verbänden und Parteien organisieren und zum Konflikt gegeneinander antreten.

Die Konflikte sind durchaus kein Übelstand, der beseitigt werden muß, sondern sie gehören als Lebenselement zur offenen Gesellschaft und zur Demokratie, weil sie vor der Verkrustung bewahren und den Wandel bewirken, ohne den es jetzt kein Überdauern mehr gibt. Aber friedlich und zivilisiert, ohne Panik, die dann in Aggression umschlägt, können Konflikte nur ausgetragen werden, wenn zugleich eine übergeordnete Einheit gewahrt wird, wenn etwas bleibt, das Vertrauen und jene »Identität« stiftet, nach der wir hierzulande immerfort rastlos und ohne Rat suchen. Eben diese Einheit oder Identität, das Überdauern im Wandel macht die Monarchie sinnfällig, die damit gewissermaßen zum Widerlager des demokratischen Machtkampfes aufrückt.

Übrigens zeigt sich die Bedeutung symbolischer Institutionen besonders deutlich im Krisenfalle. Um das im Beispiel wenigstens anzudeuten: Kaum ein Niederländer, der die Jahre der deutschen Besetzung im Zweiten Weltkrieg miterlebt hat, vermag noch anzugeben, wer die Männer waren, die damals die Exilregierung in London bildeten – verständlich genug: Jede Regierung ist nun einmal eine machtbezogene, zum Handeln berufene Institution. Darum wirkt sie wenig eindrucksvoll, wenn sie ins Exil getrieben wird und ihr kaum mehr etwas zum Regieren bleibt. Aber jeder erinnert sich an die Königin Wilhelmina und an ihre Rundfunkansprachen. Denn die Königin verkörperte das Haus Oranien – und das Haus Oranien geschichtsträchtig den Ursprung der Nation im Freiheitskampf gegen Habsburg-Spanien. Daraus wuchs eine Hoffnung aufs Überstehen und auf die Wiederkehr der Freiheit, auf den Sieg im scheinbar aussichtslosen Kampf gegen Fremdherrschaft und Unterdrückung. Ähnlich ist König Hakon VII. für die Norweger zum Symbol geworden, ähnlich – obwohl im Lande verblieben – König Christian X. für die Dänen.

Im Normalfall des Friedens, im demokratischen Alltag geht es gottlob weit weniger dramatisch zu, aber ein gleichsam zum Bestandteil des Alltäglichen geronnenes Stück Krise gehört angesichts reißender Veränderungen und im Blick auf die unabsehbar offene Zukunft zur freiheitlichen Ordnung immer dazu. Es ist daher nicht paradox, sondern im Gegenteil folgerichtig, daß die Länder im Norden und Nordwesten Europas, denen Funktionentrennung und Zusammenwirken von Monarchie und Demokratie zeitgerecht gelungen sind, den schwierigen Weg von vormodernen zu modernen Verhältnissen in der Regel mit weniger Erschütterungen oder gar politischen Katastrophen bewältigt haben als andere Länder.

Ein weiteres Beispiel mag die Bedeutung des Rituals und die mit ihm verbundene Heiligung anschaulich machen. Bis tief in die Neuzeit hinein, bis zur Schwelle der Revolution, ja nach der Unterbrechung eines Vierteljahrhunderts bis 1825 heilen die französischen Könige bestimmte Krankheiten – besonders die Skrofeln – durch rituelles Handauflegen, während sie sagen: »Le roi te touche, Dieu te guérisse.« Eine beziehungsreiche Verbindung: Gott heilt durch die Berührung des Königs. Ähnlich in England; aus der Regierungszeit Karls II. wird von annähernd hunderttausend Heilungen berichtet. Warum auch nicht? Hier wie so oft ist es der Glaube, der die Berge versetzt. Nur muß es sich um eine ehrwürdige Monarchie und um ein unvordenklich altes Ritual handeln; im aufgeklärten Preußen kann man sich Friedrich den Großen bei derlei Praktiken wirklich nicht vorstellen.

Das Ritual kann mitunter die Person des Herrschers derart dicht umstellen oder sogar zuwuchern, daß kaum mehr Raum bleibt für ein eigenes, zweckgerichtet rationales Handeln, wie es dem modernen Verständnis als das eigentlich oder einzig wichtige erscheint, auch oder gerade im Feld des Politischen. Man denke an das chinesische Kaisertum, an die Figur des Tenno in Japan und an andere asiatische Kulturen. Der Herrscher nimmt sich aus wie eine Marionette an den Fäden des Rituals; an seinen »richtigen« Bewegungen und Worten hängt das Heil, die Gunst des Himmels und der Götter. Nichts darf sich verändern; ungewohnte Worte oder Bewegungen wären die »falschen« und müßten den Fluch, das Unheil heraufbeschwören.

Aber dieser Anschein von Starrheit ermöglicht die Kontinuität, weil das Individuelle der Person weit in den Hintergrund gedrängt, ja beinahe ausgelöscht wird. Und gerade darauf kommt es an. Walter Bagehot hat mit Recht gesagt, daß Könige in der Regel nur Durchschnittsmenschen seien – und zwar durch die Umstände ihrer Erziehung und ihres Lebens beschädigte Durchschnittsmenschen; an ihrem Leistungsvermögen gemessen müßten viele oder die meisten womöglich als Versager eingestuft werden. Doch in die überlieferten Regeln des Rituals, die nichts Eigenes verlangen, kann jeder sich einfügen, auch der Schwächere oder vielleicht gerade der Schwächere. Inzwischen mögen andere als Hausmeier, Minister oder Feldherren das zweckgerichtete Handeln übernehmen – Leute, die sich als tüchtig erweisen oder die man köpfen kann, wenn sie versagen.

Natürlich ist nicht auszuschließen, daß es kluge Könige gibt. Aber ihre Klugheit darf niemanden übertrumpfen wollen. »Tatsächlich besteht dauernder Anlaß dafür, daß der klügste König und einer, der sich seiner Klugheit am sichersten ist, von ihr nur sehr zögernd Gebrauch macht«, heißt es bei Bagehot. Der weise Monarch stellt sein Licht unter den Scheffel. Diese Weisheit fehlte Wilhelm II. ganz und gar; seine vielseitigen Begabungen schlugen ihm zum Unheil statt zum Heil aus, weil er niemals verstand, sie zu zügeln.

Eher wahrscheinlich als unwahrscheinlich ist es im übrigen, daß ein Monarch in der Dauer seiner Regentschaft weit mehr

Erfahrungen ansammelt als die rasch wechselnden Regierungen. Wie viele Premierminister hat die britische Königin Elisabeth II. schon kommen und gehen sehen? Doch selbst die Erfahrungen dürfen nur sparsam und vor allem nur sehr diskret eingesetzt werden. Wiederum Bagehot: »In einer konstitutionellen Monarchie wie der unsrigen besitzt der Souverän drei Rechte – das Recht konsultiert zu werden, das Recht zu ermutigen und das Recht zu warnen.«

Zurück zum Ritual: Aus seiner Heiligung ist oft über die Jahrhunderte und manchmal über die Jahrtausende hin die Kraft zum Überdauern gewachsen. Die Katastrophe tritt erst ein, wenn das ritualisierte Handeln einseitig die Oberhand gewinnt, wenn es also nicht durch ein sachbezogenes ausbalanciert wird und wenn es dann mit den banal und zweckgerichtet nur oder doch wesentlich auf den Machterwerb, auf Beutemachen zielenden europäischen Welteroberern zusammenstößt, wie die Indianerreiche der Azteken und der Inkas in Mexiko und Peru mit den Spaniern. Im Duell des Unvergleichbaren hat Moctezuma gegen Cortés keine Chance. Sieht man hiervon einmal ab, so gilt jedoch, selbst in Europa, daß die Heiligung des Herrschers im Ritual einen Schutzmantel, einen starken Sperriegel gegen den Thronräuber bildet, der nichts als seinen Kampfesmut und seine Verschlagenheit, um nicht zu sagen seine kriminelle Energie in die Waagschale werfen kann. Macbeth ist im Grunde bereits im voraus verurteilt und zum Scheitern bestimmt. Insgesamt, als die Regel, die durch Ausnahmen weit eher bestätigt als widerlegt wird, gilt: Das Königtum, wie die Monarchie überhaupt, darf nicht an »Leistungen« im modernen Sinne gemessen werden – und schon gar nicht an einer »Größe«, die sich ins Heldische verklärt. Königtum und Heldentum sind wesenhaft verschieden, wie übrigens schon die Märchen uns anzeigen: Der jugendliche Held, sei er vornehmer oder geringer Herkunft, mag durch Kraft oder Klugheit, durch seinen Mut oder durch List das Herz und die Hand der Königstochter gewinnen. Mit der Hochzeit jedoch, das heißt mit dem Übertritt in die königliche Erbfolge, endet die Geschichte seiner Abenteuer, und nichts bleibt mehr zu berichten, als daß König und Königin glücklich bis zum Ende ihrer Tage gelebt haben. Wo dagegen der König und der Held sich in einer Person vereinigen, wie bei dem Welteneroberer Alexander, den die Geschichte dann als den Großen feiert, da kündigt sich ein Zeitalter der Verwirrungen, der Diadochenkämpfe, ein Ende aller Sicherheit an. »Wehe dem Land, das Helden nötig hat!«

Mithin gilt: Wenn sich alles auf die Frage nach der überragenden Leistungsfähigkeit zuspitzt, dann wird dem Königtum seine eigentliche Grundlage, seine tiefere Rechtfertigung schon entzogen und sei es im ersten Schritt noch so glanzvoll, wie im Preußen Friedrich Wilhelms I. und Friedrichs des Großen. Denn ein König als der oft zitierte und stets gerühmte »erste Diener« seines Staates lädt spätestens bei unbedeutenden Nachfolgern ein zur Frage nach anderem, möglicherweise leistungsfähigerem Dienstpersonal. Und er lädt ein zu der weiteren, folgerichtig sich anschließenden Frage: Warum, wenn man die Leistung zum Maßstab nimmt, warum soll das Dienstpersonal dann unkündbar bleiben? Warum soll es nicht am Erfolg oder Versagen gemessen und darum nur auf Zeit und auf Widerruf angestellt werden?

Im Blick auf die neuere europäische Geschichte mag eine weitere Überlegung nützlich sein. Bis zum 18. Jahrhundert haben sich drei Grundmodelle der Monarchie mehr oder minder deutlich ausgebildet. Das erste, auf dem Kontinent vorherrschende ist das absolutistische, das seinem Zeitalter den Namen gab. Nach dem Vorbild des Sonnenkönigtums Ludwigs XIV. in Frankreich vereinigt es die repräsentative Prachtentfaltung und strenge Etikette – gewissermaßen die verweltlichte Form des Rituals – mit einer Konzentration der Macht. Dieses Modell mag für eine Übergangsperiode attraktiv und angemessen sein, aber je weiter die moderne Entwicklung fortschreitet und das Bürgertum zur beherrschenden Klasse aufsteigt, desto schwieriger und gefährlicher wird es, an ihm festzuhalten. Denn es zwingt zusammen, was sich immer weniger zusammenhalten läßt: die Repräsentation des Ursprungs und der Einheit mit der Macht.

In seinem berühmten Werk ›Über die Demokratie in Amerika‹ hat der Franzose Alexis de Tocqueville den Sachverhalt beispielhaft dargestellt. Er spricht zwar vom Heiligen, von der Religion, aber was er sagt, gilt ebenso oder erst recht für die Monarchie, so daß es erlaubt scheint, im folgenden Text die Begriffe auszutauschen. Wir lesen dann über die Monarchie:
»In die bitteren Leidenschaften dieser Welt verstrickt, wird sie manchmal gezwungen, Verbündete zu verteidigen, die eher aus Nützlichkeit denn aus Liebe zu ihr stehen; und sie muß Menschen als Gegner zurückweisen, die sie oft noch lieben, obwohl sie die Verbündeten der Monarchie bekämpfen. Die Monarchie kann sich daher an der Macht der Regierenden nicht beteiligen, ohne etwas vom Haß auf sich zu ziehen, den diese erregen... Mit unbeständigen Mächten verkettet, erduldet sie deren Schicksal, und oft stürzt sie mit den Eintagsleidenschaften, von denen jene getragen werden. Wenn sich die Monarchie mit verschiedenen politischen Mächten verbindet, kann sie also nur ein

Bündnis eingehen, das sie belastet. Sie bedarf ihrer Hilfe zum Leben nicht, und ihnen dienend kann sie untergehen... Je mehr eine Nation sich demokratisiert..., desto gefährlicher ist die Verbindung von Monarchie und staatlicher Macht, denn die Zeiten nahen, da die Macht von Hand zu Hand geht.«

Damit ist das Urteil gesprochen. Absolutistische Regime halten den modernen Herausforderungen nicht stand; sofern sie sich nicht rechtzeitig reformieren und von der Macht verabschieden, müssen sie früher oder später stürzen, und kein noch so ehrwürdiges Alter vermag die Dynastien zu schützen. Revolutionen fegen sie hinweg, wie 1792 den König von Frankreich, wie 1917 den Zaren von Rußland oder 1974 den Kaiser von Äthiopien.

Das zweite Modell entwickelte sich in England. Im 17. Jahrhundert scheiterten alle Versuche der Stuartkönige, sich absolutistisch durchzusetzen. Mit der »glorreichen« Revolution von 1688 wurde endgültig entschieden, daß das Zentrum der Macht sich ins Parlament und in eine vom Parlament getragene Kabinettsregierung verlagerte. Für die Monarchie begann der lange und im Ergebnis unwiderrufliche Abschied von der Macht. Am Ende steht die klare, arbeitsteilige Scheidung der ehrwürdigen und der leistungsbezogenen Verfassungsinstitutionen, die Walter Bagehot dargestellt hat. Alle in Europa überdauernden Monarchien entsprechen heute diesem Modell – wie übrigens das japanische Herrscherhaus, der Sage nach göttlichen Ursprungs, schon seit vielen Jahrhunderten.

Das dritte Modell ist das preußische, das der »Soldatenkönig« schuf, als er seine »Revolution von oben« begann. Indem es ganz aufs Handeln des Monarchen setzt, stellt es gewissermaßen den Gegenentwurf zum englischen Modell dar. Es machte aus der preußischen und später der reichsdeutschen Not der Traditionslosigkeit eine Tugend des Tüchtigseins und gewann mit zwei überragenden Herrschern zunächst ein Ansehenskapital, von dem noch die nachfolgenden Generationen gezehrt haben. Aber es schmiedete ein hölzernes Eisen; es mußte das Erbprinzip und die Leistungsfähigkeit jedes Kettengliedes der Generationen so verbinden, wie sie sich nun einmal nicht verbinden lassen.

Hinzu kam, daß gerade der preußische Maßstab den englischen Ausweg verriegelte. Denn ohne einen Spielraum des eigenmächtigen Handelns gibt es keine Bewährung des politischen Tätig- und Tüchtigseins. Ein Abschied von der Macht, jede Beschränkung auf die Darstellung der Einheit jenseits aller Konflikte mußte daher als ein Abschied von der Monarchie selbst erscheinen, wie Philipp Fürst Eulenburg, der Freund und Berater Wilhelms II. im Jahre 1899 notiert hat: »Ein König, der sich zum Träger demokratischer Ideen macht, wird seine Dynastie ebenso zugrunde richten, wie der Maler, der nicht das Ideale vertritt, die Kunst zugrunde richtet.« Das Gegenteil ist wahr, aber in preußischer Perspektive blieb Eulenburgs Auffassung durchaus konsequent. Zudem hatte ja nicht nur im Freundeskreis des Kaisers, sondern in großen Teilen der Nation das Bild von der mächtigen Monarchie seit Sedan und seit Versailles einen neuen und nachhaltigen, den neudeutschen Siegesglanz gewonnen.

Eine bemerkenswerte Ausnahme hat es dennoch gegeben: Zwischen Wilhelm I. und Bismarck entwickelte sich unter der Hand ein beinahe »englisches« Verhältnis. Der greise Monarch verkörperte das Ansehen des Staates und der Nation, die Einheit der Deutschen über den Parteien und Bewegungen der Zeit,

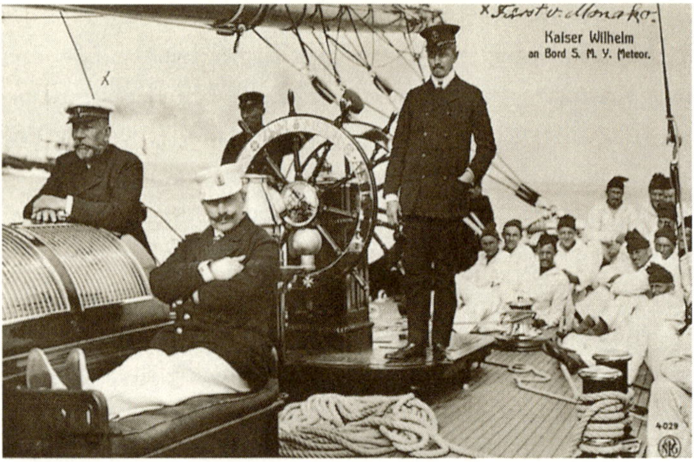

Neben Wilhelm II. steht Albert I., Fürst von Monaco, für den es gewiß eine Ehre war, hier der Gast zu sein. Wer hätte damals an eine Zukunft gedacht, in der die Familie Grimaldi für Fotografen aus aller Welt weitaus interessanter sein würde als jeder Hohenzoller?

der Kanzler die politische Macht und die Konflikte, die von ihr oder gegen sie ausgefochten wurden. Man darf vermuten, daß das Ansehen des Kaisers von dieser Funktionenteilung bestimmt worden ist. So gesehen sangen später die Deutschen, wenn sie ihren »guten alten Kaiser Wilhelm wiederhaben« wollten, von ihrer Sehnsucht nach der Einheit oder Identität der Nation, die, um kenntlich zu sein und zu bleiben, ihrer symbolischen Darstellung um so dringender bedarf, je höher im Sturmwind der Zeiten die Wogen des Konflikts schlagen.

Aber das Verhältnis zwischen Wilhelm I. und Bismarck war von sehr persönlicher und darum unwiederholbarer Art. Man darf auch nicht vergessen, daß Wilhelm I. Bismarck darum zum preußischen Ministerpräsidenten berief, weil es ihm im Streit mit dem Landtag um die Heeresreform darum ging, das Prinzip der mächtigen Monarchie zu behaupten.

»Volldampf voraus!« verkündete der Enkel, als er Bismarck entließ. Eine berühmte Karikatur hat den Vorgang festgehalten: Der Lotse geht von Bord. Wilhelm II. träumte davon, das Staatsschiff höchstselbst zu steuern, gerüstet mit dem preußisch-deutschen Kompaß einer mächtigen und tätigen Monarchie. Daß er geradewegs auf die Klippen zutrieb, ahnte er nicht.

Um im Bilde zu bleiben: Alljährlich unternahm der Kaiser an Bord der »Hohenzollern« eine Nordlandreise. Sein Freund und Reisebegleiter Philipp Fürst Eulenburg notierte 1898 eine seltsame Szene. Er trat zum Steuermann, um den Kurs zu erfragen.

»Na«, sagte ich, »wohin geht die Fahrt des Kaisers? – Norden? Süden? Osten? Westen?«

»Nee«, sagte er gedehnt, »ick fahre nur man so drauflos.«

Fragen im Rückblick

Bertrand Russell, später als Philosoph so berühmt wie als Kämpfer für den Frieden, besuchte im Jahre 1895 Deutschland. Der junge Mann aus gutem englischem Hause interessierte sich nicht für die Reichen und Mächtigen, für Gelehrsamkeit, Kunst oder den technischen Fortschritt, sondern für die Arbeiterbewegung. Ein Jahr später schrieb er sein erstes, der deutschen Sozialdemokratie gewidmetes Buch. Im Schlußteil wagte er einen Blick in die Zukunft:

»*Wenn* die Sozialdemokraten ihre kompromißlose Haltung aufgeben können, ohne an Stärke einzubüßen; *wenn* andere Parteien, diese Veränderung wahrnehmend, einen versöhnlicheren Ton anschlagen; und *wenn* ein Kaiser oder Kanzler auftauchen sollte, der weniger kompromißlos feindlich gegen jeden Fortschritt an Zivilisation oder Freiheit ist als Bismarck oder Wilhelm II. – wenn alle diese glücklichen Umstände eintreten sollten, dann mag Deutschland sich auf friedlichem Wege, wie England, zu einer freien und zivilisierten Demokratie entwickeln. Wenn aber nicht, wenn die Regierung und die anderen Parteien ihre derzeitige bigotte Verfolgung fortsetzen, dann scheint es keine Macht zu geben, die das Anwachsen der Sozialdemokraten stoppen oder ihre kompromißlose Opposition mildern könnte... Für alle jene aber, die die derzeitige gespannte Feindschaft zwischen Reich und Arm in Deutschland auf friedlichem Wege vermindert sehen möchten, kann es nur eine einzige Hoffnung geben: daß die herrschenden Klassen zu guter Letzt ein gewisses Maß an politischer Einsicht, an Mut und Großzügigkeit zeigen werden. Sie haben in der Vergangenheit nichts davon gezeigt, und sie zeigen im Augenblick wenig davon; aber Furcht mag sie einsichtig machen, oder neue Männer mit einem besseren Geist mögen heranwachsen. Einstellung der Verfolgung, vollständige und uneingeschränkte Demokratie, absolute Koalitions-, Rede- und Pressefreiheit – sie allein können Deutschland retten, und wir hoffen ganz inständig, daß die deutschen Herrscher sie gewähren werden, ehe es zu spät ist. Tun sie es nicht, so sind Krieg und eine Auslöschung des nationalen Lebens das unvermeidbare Schicksal des deutschen Kaiserreiches.«

Für einen gerade erst vierundzwanzigjährigen Studenten war das eine bemerkenswerte Einsicht und Weitsicht. Sie lädt zur Frage nach dem historisch Möglichen ein. Was wäre gewesen, *wenn* … – wenn es zum Beispiel einen anderen Kaiser gegeben hätte? Darf man vermuten, daß der Krieg und der Sturz erst der Monarchie, dann der Deutschen in den Abgrund ihrer Geschichte sich hätten abwenden lassen?

Die Frage ist so abwegig nicht, denn es gab diesen anderen Kaiser. Friedrich I., im Jahre 1831 geboren, hätte nach Wilhelm I. statt der neunundneunzig Tage vielleicht zwanzig oder sogar dreißig Jahre regieren können, *wenn* der Kehlkopfkrebs seinem Leben nicht ein vorzeitiges Ende gesetzt hätte.

Friedrich dachte liberal, und er stand unter dem Einfluß seiner Frau, der englischen Prinzessin Viktoria. Mit ihr kehrte – vermittelt durch den Vater Albert, den Prinzgemahl der Königin Victoria – gewissermaßen das Haus von Sachsen-Coburg und Gotha aus einem politisch modernen Europa nach Deutschland zurück. Nicht nur in Großbritannien, sondern auch in Belgien verdankte dieses Haus seinen Erfolg der Tatsache, daß es die Zeichen der Zeit erkannte und den Abschied der Monarchie von der Macht nicht als Kränkung, sondern als Chance begriff.

Läßt sich also eine coburgisch-englische Entwicklung des Kaiserreichs vorstellen? Auch ohne Eingriff in die Verfassung hätte der Kaiser nur den Politiker als Reichskanzler einsetzen und entlassen müssen, der die Mehrheit des Reichstages gewann oder verlor. Und er hätte diesen Kanzler regieren lassen müssen, ohne sich einzumischen. Gleichsam unter der Hand wäre damit ein parlamentarisches Regierungssystem und eine angemessene Funktionenteilung zwischen den »ehrwürdigen« und den »machtbezogenen« Institutionen entstanden. Und im Ablauf der Zeit wäre aus der politischen Praxis vielleicht ein Gewohnheitsrecht geworden, das kein Nachfolger auf dem Thron mehr hätte umstoßen können.

Zur Gewißheit darf man solche Vorstellungen allerdings nicht verkehren. Die Parteien, in ihren weltanschaulich befestigten Lagern verschanzt, waren schlecht oder gar nicht darauf vorbereitet, Verantwortung zu übernehmen und aus den Mehrheiten des Augenblicks zuverlässige Koalitionen zu schmieden. Das Wehegeschrei aller konservativen Kräfte wäre so groß gewesen wie ihr Widerstand. Und dem Kaiser selbst wäre womöglich sein fürstliches Selbstbewußtsein in die Quere geraten, das zurückverwies auf die preußisch-deutschen Traditionen einer mächtigen Monarchie. Immerhin hätte er seine Macht wohl genutzt, um den Schlachtflottenbau zu verhindern, den Wilhelm II. und Tirpitz betrieben. Er hätte die Verbindung mit

England gesucht, und mit seinem Schwager Eduard VII. hätte er sich wahrscheinlich verstanden, der dann – in tiefer persönlicher Abneigung gegen den deutschen Neffen – zu einem Gegenspieler der wilhelminischen Machtpolitik geworden ist.

Am Ende bleibt uns freilich die Einsicht, daß wir zwar spekulieren, aber nicht wissen können, wie die Geschichte unter anderen Umständen verlaufen wäre. Diese Umstände weisen über das hinaus, was wir selbst noch vermögen; manchmal haben sie mit der Gesundheit oder der Krankheit, mit dem Leben oder Sterben eines einzigen Menschen zu tun. Je nach unserer Neigung sprechen wir vom Schicksal oder Zufall; in beidem werden wir gemahnt, uns nicht zu überschätzen.

Im Rückblick stellen sich zwei weitere Fragen: Hätte die Monarchie über den Zusammenbruch von 1918 hinweg gerettet werden können – und hätte sie die deutsche Katastrophe, hätte sie Hitler verhindert? Die erste Antwort kann nur ein eindeutiges Nein sein. Viel zu tief war die ehrwürdige Institution durch das »persönliche Regiment« Wilhelms II. in Verruf geraten; niemand mehr hielt sie für fähig, Vertrauen zu stiften und über den Parteien die Einheit der Nation zu verkörpern. Es kam hinzu, daß das Bild des Thronerben, des Kronprinzen Wilhelm, sich womöglich noch finsterer malte als das seines Vaters; mit diesem Sohn verglichen, stellte sich der Kaiser beinahe wie ein Ausbund von Weisheit, Mäßigung und Friedensliebe dar. Kein Demokrat hat darum die Wiederherstellung der Monarchie ernsthaft betrieben. Folgerichtig blieben Träume von der Restauration, soweit es sie überhaupt gab, den Feinden der Republik überlassen; stets liefen sie auf eine Beschädigung oder Zerstörung des parlamentarischen Systems zugunsten eines autoritären Regimes hinaus. Das gilt auch für Gedankenspiele im Umkreis des

Auch Kronprinz Wilhelm hatte seine Thronrechte abgetreten und konnte dafür 1923 aus dem Exil nach Deutschland zurückkommen. Seine Vorliebe für Uniformen glich der seines Vaters.

Reichspräsidenten Hindenburg und des Reichskanzlers Brüning in der Weimarer Spätzeit.

Seltsam wirkt allerdings, was die Weimarer Nationalversammlung als Verfassungsordnung erdachte. Man wollte die parlamentarische Demokratie, aber man mißtraute dem Parlamentarismus. Daher schuf man in der Figur des Reichspräsidenten eine Art von »Ersatzkaiser«, für den Fall des Notstandes mit einer Machtfülle ausgestattet, die in mancher Hinsicht über die Befugnisse des »Präsidiums« in Bismarcks Verfassung des Kaiserreiches noch hinausführte. Wer darf darum die Deutschen tadeln, wenn sie das Amt des Reichspräsidenten tatsächlich so sahen, wie es angelegt war? Sobald sie selbst die Wahl

hatten, gaben sie durchaus konsequent dem Mann ihre Stimme, der als kaiserlicher Feldmarschall dem Bild vom Ersatzkaiser am genauesten entsprach. Oder wen darf es erstaunen, daß zur Erinnerung an das denkwürdige Ereignis im April 1925 eine Münze geprägt wurde, deren eine Seite der Ausspruch Hindenburgs zierte, der es wert schien, den Kindern und Enkeln über-

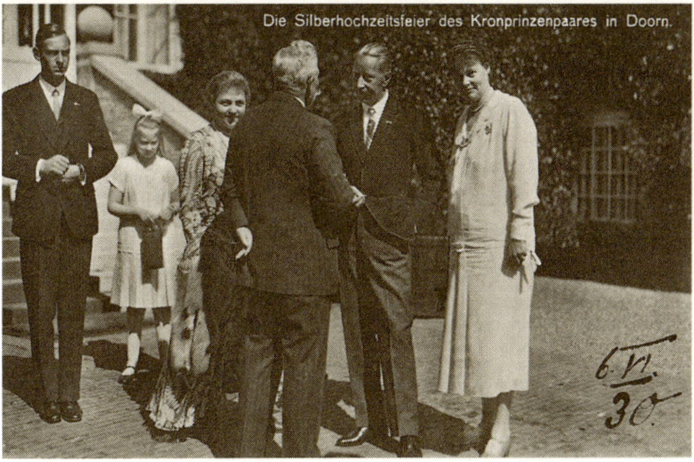

liefert zu werden? Der Satz las sich als Programm oder Parole wider das bestehende System: »Für das Vaterland beide Hände, aber nichts für die Parteien.«

Gewiß mag man sagen, daß die Weimarer Republik ihre frühen Krisenjahre ohne die Notstandbefugnisse des Reichspräsidenten kaum überstanden hätte; Ebert hat sie vielfach gebraucht. Bedenklich war jedoch, daß es sich nicht um Übergangsregelungen handelte, sondern um den Kern der Verfassung. Die Parteien, auch die demokratischen, blieben bei ihrer schlechten, noch aus dem Kaiserreich stammenden Gewohnheit, die Verantwortung zu scheuen und im Krisenfalle sich wegzuschleichen, weil es doch jemanden gab, dem man die Macht überantworten konnte. Genau damit aber ist man über Hindenburg schließlich zu Hitler gelangt.

Eine Antwort auf die zweite Frage fällt weit schwerer, doch

Die Kaisersöhne beim »Stahlhelm«, dem 1918 gegründeten konservativen Zusammenschluß von Soldaten des Ersten Weltkriegs.

man darf spekulieren: Wie wäre die Geschichte verlaufen, wenn es gelungen wäre, Kontinuität zu sichern, wenn man etwa den Prinzen Max von Baden als einen Statthalter der Monarchie, als den Treuhänder-Regenten eingesetzt hätte? Der Übergang zum parlamentarischen System wurde unter seiner Kanzlerschaft bereits vollzogen, zu spät freilich, um den Sturz der Monarchie abzuwenden: am 28. Oktober 1918. Unterstellen wir jedoch, daß es diese Regentschaft gegeben hätte, so ist es kaum noch absurd, sich als zweiten Schritt die Entwicklung einer neuen, badisch-liberalen Nationaldynastie vorzustellen. Ehrwürdig angestammt darf man das Haus Zähringen ohnehin nennen; es reicht weit tiefer in die Geschichte zurück als das Haus Hohenzollern.

Hätte nun ein Bündnis von Monarchie und Demokratie die Republik stabilisieren und Hitler verhindern können? Wieder müssen wir spekulieren, ohne Gewißheit zu finden, aber manches spricht dafür. Als Institution schlägt die Monarchie eine Brücke zur Vergangenheit, über Gräben hinweg, und über diese Brücke hätten wahrscheinlich viele gehen können, die den Weg zur Republik niemals fanden.

In seinen ›Anmerkungen zu Hitler‹ hat Sebastian Haffner geschrieben: »Die Hindenburgwahl war für die Republik ein Glücksfall und gab ihr die einzige Chance, die sie je hatte. Denn mit dem Weltkriegsheros und kaiserlichen Feldmarschall an der Spitze sah die Republik für die Rechte, die sie bis dahin eisern abgelehnt hatte, plötzlich akzeptabel aus; etwas wie eine Versöhnung bahnte sich an.« Das mag uns als anstößig erscheinen, weil wir die »Machtergreifung« von 1933 schon kennen. Haffner selbst gibt zu, daß sich die Chance zerschlug. »Als 1928 die Rechtsregierung die Wahlen verlor und, zum ersten Mal seit 1920, ein Sozialdemokrat wieder Reichskanzler wurde, war alles schon wieder vorbei. Die Konservativen... gingen wieder auf stramm antirepublikanischen Kurs, selbst das katholische Zentrum... redete jetzt von der Notwendigkeit eines autoritären Regimes, und im Reichswehrministerium begann ein politisierender General – von Schleicher –, Staatsstreichpläne zu schmieden.«

Ein Monarch jedoch, weil er die Institution und damit die Kontinuität verkörpert, hätte wahrscheinlich stärker und dauerhafter wirken können als jede Einzelperson. Vor allem hätte er wohl die Reichswehr gebunden. Noch einmal sei an das spanische Beispiel erinnert: Der König und nur er allein war fähig, die Armee zu disziplinieren. Und er wirkte daran mit, die Kräfte abzuwehren, die eine Rückkehr zur Diktatur wünschten. Das Land aus ihrem Bann zu befreien, war die große Aufgabe, die sich nach dem Tode Francos stellte. Wären die demokratischen Parteien allein imstande gewesen, sie zu lösen? Das ist zu bezweifeln. Aber im Bündnis mit der Monarchie haben sie einen denkwürdigen Sieg errungen.

Nichts ist im übrigen so erfolgreich wie der Erfolg. Den Deutschen ist in ihrer neueren Geschichte ein nachhaltiges Erfolgserlebnis nur zweimal beschieden gewesen: zunächst in der Zeit Wilhelms I. und Bismarcks, dann seit der Gründung der Bundesrepublik. In beiden Fällen stoßen wir auf die seit Walter Bagehot klassisch zu nennende arbeitsteilige Kombination der Macht mit dem Vertrauen auf eine höhere, den Machtwechsel überdauernde Einheit. Bismarck hat machtbewußt regiert, und Wilhelm I. schuf das Vertrauen. In dem Verhältnis von Konrad Adenauer und Theodor Heuss ist diese Kombination zurückgekehrt, doch nun – endlich! – nicht mehr dem Zufall überlassen, sondern aus der Verfassung begründet – was keineswegs ausschließt, daß Heuss ähnlich geseufzt hat wie einst Wilhelm I. unter der Bürde Bismarcks: daß es nicht leicht sei, *unter* Adenauer der Bundespräsident zu sein.

Ist es abwegig anzunehmen, daß eine vergleichbare Kombination die Weimarer Republik jedenfalls so weit hätte kräftigen und zum Erfolg tragen können, daß die Gier nach Gewalt und nach dem allmächtigen Führer zum Heil sich hätte abwehren lassen?

Im Rückblick auf die Monarchie drängt sich noch eine andere, letzte Frage auf: Müssen wir uns vielleicht mit der zweitbesten Lösung zufrieden geben? Zwar haben wir im Bundespräsidenten unseren »Monarchen auf Zeit« gefunden, doch die Begrenzung der Amtszeit birgt ein Problem. Bis ein neuer Präsident den Bürgern genügend vertraut wird, um seine Vertrauensfunktion zu erfüllen, ist ein Teil seiner Amtszeit bereits abgelaufen – und bald beginnen schon wieder die Spekulationen oder womöglich Intrigen um seine Nachfolge. Was ein neuer Monarch aus der Generationenfolge sozusagen als sein angestammtes Kapitel immer schon mitbringt, muß der Präsident erst erwerben. Und er muß vergessen machen, was er war und wie er ins Amt kam: ein Parteipolitiker, der unter Rivalen im Handel oder Konkurrenzkampf der Parteien gewählt wurde.

Der Zeitfaktor spielt auch sonst eine wichtige Rolle. Die Demokratie programmiert zum kurzfristigen Denken und Handeln, denn niemand kann etwas ausrichten, der die Mehrheit verliert oder gar nicht erst gewinnt – und die nächsten Wahlen stehen stets schon bevor. Dies ist nicht bloß negativ zu werten. Daß die Demokratie sich an die Interessen der heute Lebenden bindet, unterscheidet sie von Regimen, die immerfort Opfer für ferne Heilsversprechungen verlangen. Aber unverkennbar gibt es – und wachsen – die Gefahren eines kurzfristigen Denkens. Man muß gar nicht erst an Rohstoff- und Energievergeudung, ans Schuldenmachen oder an die Naturzerstörung erinnern; ganz allgemein droht eine Auflösung von Geschichte und Zukunft, wenn wir uns von den Problemen des Augenblicks überwältigen lassen.

Ein Gemeinwesen, das den Stürmen der Zeit standhalten soll, braucht Vertrauen zu seinem Gang durch die Zeiten. Es braucht Identität durch Kontinuität. Wie der Engländer Edmund Burke vor mehr als zwei Jahrhunderten gesagt hat, geht es um eine derart umfassende Partnerschaft, daß ihre Ziele »nicht in vielen Generationen erreicht werden können. Daher handelt es sich um eine Partnerschaft nicht allein zwischen den Lebenden, sondern zwischen denen, die leben, denen die gestorben sind, und denen, die erst noch geboren werden sollen.«

Eine Monarchie ist das Symbol der Kontinuität, der Dauer im reißenden Wandel; sie ergänzt das kurzfristige Denken durch eine langfristige Perspektive. Steckt darum hinter der seltsamen Faszination, die Könige und Königinnen, Prinzen und Prinzessinnen auf moderne Menschen und sogar auf eingefleischte Republikaner ausüben, mehr als nur das Bedürfnis nach romantischem Glanz über einem banalen Alltag?

Um den Mißverständnissen vorzubeugen: Dies ist kein Plädoyer dafür, das Verlorene zurückzurufen. Die einmal zerstörte Monarchie kann man unter demokratischen Bedingungen nicht wiederherstellen. Denn jeder Versuch dazu würde genau die Konflikte heraufbeschwören, denen die Institution entzogen sein muß, wenn sie ihre Funktion erfüllen soll. Zur Demokratie gehört das Wahlprinzip, das die zeitliche Begrenzung, die Konkurrenz und damit die Möglichkeit der Wiederwahl oder der Abwahl einschließt, zur Monarchie das Erbprinzip, das die Konkurrenz und die Wahl ausschließt. Darum können wir Personen wählen, nicht Dynastien. Auch das spanische Beispiel kann hier nicht geltend gemacht werden. Nicht Demokraten haben den König gewählt, sondern – Ironie der Geschichte! – die Diktatur hat vererbt, was die Demokraten dann brauchten, um die Wiederkehr der Diktatur zu verhindern.

Es trifft also zu, daß wir uns mit dem Unvollkommenen abfinden müssen. Und warum denn nicht? Das Vollkommene ist für Menschen nicht gemacht, und aus bitterer Erfahrung sollten wir wissen, daß die Gewalt, die das Beste erkämpfen will, in die Barbarei mündet. Wir dürfen uns glücklich nennen, wenn wir das Zweitbeste erreichen.

Die Sprache der Bilder

Heinrich von Stephan, 1885 für seine Verdienste geadelt, war ein bedeutender Mann und der erste Generalpostmeister des Bismarckreiches. 1874 gründete er den Weltpostverein. Schon vier Jahre vorher, gerade rechtzeitig zur Geburt des Deutschen Reiches, führte er neben dem Brief, den es immer schon gegeben hatte, eine Weltneuheit ein, die Postkarte.

Sie trat rasch ihren Siegeszug an, denn sie vereinte zwei Vorzüge. Zunächst einmal war sie preiswert. In den goldenen Jahren vor dem Ersten Weltkrieg, als man das Schreckenswort »Inflation« noch nicht kannte, wurde sie reichsweit für nur fünf Pfennige befördert. (In der Weimarer Republik waren dann unerhörte acht Pfennige zu zahlen; später kam man mit sechs Pfennigen fast wieder an den Vorkriegsstandard heran.) Zum anderen mußte man sich nicht mehr mit der Mühsal wohlgeformter Epistel plagen, wie einst der Apostel Paulus, wenn er an die Römer oder die Korinther schrieb. Man durfte sich knapp und klar aufs Wesentliche konzentrieren, wie der begrenzte Raum es gebot: »Lieber Franz! Ich bin wohlbehalten in Berlin angekommen. Hier wimmelt es von Menschen, wie bei uns von Ameisen im Ameisenhaufen, und es regnet. Gruß und Kuß, Deine Elfriede.«

Zwar verlor die Postkarte den diskreten, sozusagen aristokratischen Charakter eines wohlverschlossenen, womöglich

Die Gesichter sprechen Bände: von Harmonie und Glück, so gerne auf den Bildern demonstriert, kann kaum die Rede sein.

versiegelten Briefes. Aber vielleicht verdankte sie gerade diesem Umstand ihre Volkstümlichkeit, vor allem in der Kombination mit einer zweiten Weltneuheit, der Fotografie. Da die narrensichere Kamera für jedermann auf sich warten ließ, mußte man sich vorerst den professionellen Lichtbildnern anvertrauen, und die entdeckten bald ein besonderes Anwendungsgebiet ihrer Kunst, den Abdruck im damals noch mageren Format von achteinhalb mal dreizehneinhalb Zentimetern. So entstand die Ansichtspostkarte.

Sie bot überdies dem Menschlich-Allzumenschlichen, dem Drang zum Imponieren, ein ideales Feld. Denn in die freundschaftliche Zuwendung gehüllt, konnte man den lieben Verwandten, Nachbarn und sonstigen Bekannten demonstrieren, daß man es weit genug gebracht hatte (und sie hoffentlich nicht), um sich das Besondere zu leisten, die Sommerfrische: »Gruß aus Heringsdorf!« Als ähnlich praktisch erwiesen sich die schon vorgefertigten Texte, sinnfällig geschmückt, mit denen sich im Jahres- oder Lebensablauf das notwendige Gedenken rasch erledigen ließ – all die Grußpostkarten zur Weihnacht und zum Neuen Jahr, zu Geburten und Geburtstagen oder zu Hochzeiten.

Es lag nahe, die Postkarte auch kommerziell oder politisch zu nutzen, sei es für die Reklame oder zur patriotischen Erbauung. Da allerdings setzte der Herr Generalpostmeister strenge Regeln, um den Mißbrauch abzuwehren, besonders den zersetzenden, den vaterlandslose Gesellen im Sinn haben mochten. Ein girlandengeschmücktes »Proletarier aller Länder, vereinigt euch!« oder gar, im Strahlenglanz der aufgehenden Sonne:

> Völker, hört die Signale,
> Auf zum letzten Gefecht!
> Die Internationale
> Erkämpft das Menschenrecht

– derlei blieb natürlich streng verboten. Doch ganz etwas anderes war es, den angestammten, rechtmäßigen Herrscher, den Fürsten abzubilden, auf daß er in der guten Stube, auf dem Vertiko, neben den Erinnerungen an die Konfirmation oder die eigene große Zeit in des Königs Rock seinen zukommenden Platz einnehme. Und so verdanken wir denn den Ansichtspostkarten ein Panorama, das Rundumgemälde der Monarchie, das uns im Rückblick ebenso erheitern wie nachdenklich stimmen mag. Anschauung entsteht – und vielleicht sogar Einsicht.

Wie es sich gehört, steht, schreitet oder reitet an erster Stelle selbstredend ER, der Fürst über den Fürsten: Seine Majestät der Kaiser. Da aber die Ansichtspostkarte das Volkstümliche, etwas wie persönliche Nähe zum Ausdruck bringen soll, wird er oft und zunehmend auch »unser Kaiser« genannt. Ein Stolz schwingt darin mit, ihn zu besitzen. Vom König von Preußen ist dagegen nicht mehr die Rede; nirgendwo erwähnen ihn die Bildunterschriften. Sie beweisen durch ihr Weglassen, daß im Bewußtsein der Zeitgenossen die Grablegung schon vollzogen war, die Wilhelm I. für Preußen und sein Königtum von der deutschen Kaiserproklamation befürchtet hatte.

Aus dem Jubiläumsjahr 1913 stammt das Bild des selbstbewußt ausschreitenden »Friedenskaisers«, der zugleich die Nation als ihr oberster Kriegsherr nach außen beschirmt, den Marschallstab in der Hand (S. 17). Sehr deutlich, wie auf kaum einem anderen Foto, erkennen wir freilich auch den durch eine verpfuschte Geburt verkürzten und fast gelähmten linken Arm, so daß man unwillkürlich an den angeblich von der Zeitgenossin Julie Schrader erdichteten Vers erinnert wird:

> So schmuck der Mann, daß Gott erbarm!
> Der Kaiser hat 'nen kurzen Arm.
> Doch hat er Geist, der Feindesfänger …
> Das macht den Arm ihm etwas länger.

Andere Bilder bedürfen kaum eines Kommentars; sie sprechen für sich (S. 15, 24). Zu Pferde gibt es neben den hochoffiziellen Aufnahmen (S. 78) die eher zufälligen und mitunter beinahe privat wirkenden (S. 91, 125). Übrigens war der Sicherheitsaufwand bei allen Ausritten sehr gering, sofern man von ihm überhaupt

sprechen kann. Jeder entschlossene Attentäter hätte aus kurzer Entfernung auf den Kaiser schießen können, wie 1878 auf Wilhelm I. oder 1914 in Sarajewo auf den österreichischen Thronfolger, aber niemand kam auf den Gedanken, es zu tun. Eher seltsam wirkt allerdings, wie Seine Majestät hoch vom Roß herab die Ansprache eines Zivilisten entgegennimmt (S. 89). Aber natürlich fehlen die volkstümlichen Aufnahmen nicht, wie bis heute die Staatsmänner auf der ganzen Welt sie lieben: Der Kaiser begrüßt Kinder oder mischt sich, nebst Gemahlin, unter sie (S. 34).

Zur Vielfalt der Uniformen gehören die ausländischen, meist bezogen auf Regimenter, bei denen der Kaiser die Stellung eines Ehrenkommandeurs bekleidete. Wir wählen hier nur ein Beispiel. Da Wilhelm II. ein Schauspieler oder zumindest ein Verkleidungskünstler von Graden war, wirkt er in seinem russischen Rock durchaus lebensecht (S. 27).

Keineswegs verschwiegen wird, daß er ein leidenschaftlicher, vielschießender Jäger war (S. 127). In der Schorfheide findet man noch heute einen Gedenkstein mit bemüht altdeutscher Inschrift:

Unser durchlauchtigster
Markgraf und Herre Kaiser
Wilhelm II.
faellete allhier am 20. IX.
a. d. 1898 Allerhöchst Seinen
1000. edel Hirschen
von XX Enden

Etwas später, am 31. Oktober 1902, gab das Hofjagdamt der Presse mit Stolz bekannt, daß der Herre Kaiser es auf nunmehr 47443 Stücke Wild gebracht habe.

Da die Marine ein Lieblingsspielzeug des Kaisers und seiner Epoche war, gewinnt sie auf den Bildern eine bedeutende Rolle. Wir sehen also Seine Majestät, entspannt hingestreckt wie selten, auf seiner Segelyacht »Meteor« (S. 102).

Mit der »Meteor« nahm der Kaiser an Hochseeregatten teil. Da allerdings ein Torpedoboot die Yacht zu begleiten pflegte – weniger zur Bewachung als zur etwa notwendigen Nachrichtenübermittlung –, liefen in Seglerkreisen vielfach abgewandelt Verse wie dieser um:

Was taucht da qualmend am Horizont empor?
Es ist des Kaisers herrliche Yacht,
die stolze »Meteor«.

Erst recht sehen wir Seine Majestät in der Admiralsuniform (S. 31), wie man ihn übrigens heute noch in der Halle des Hamburger Hotels »Atlantik« als Kachel-Wandbild bewundern kann. Auf seiner Motoryacht »Hohenzollern«, 1893 in Dienst gestellt, einem für heutige Begriffe eher bescheidenen Schiff von 4250 Tonnen Wasserverdrängung, spricht er mit seinem Flottenbaumeister Admiral von Tirpitz oder empfängt während der »Kieler Woche« ausländische Gäste (S. 28, 47). Manchmal empfängt er auch Frauen und Kinder aus dem Familienkreis(S. 33).

Typisch war das allerdings nicht. Wie einst das Tabakkollegium Friedrich Wilhelms I. oder die Tafelrunde Friedrichs des Großen in Sanssouci blieb die Teilnahme an den Nordlandreisen, die Wilhelm II. alljährlich unternahm, ausschließlich Männern vorbehalten. Neben der Schiffsbesatzung handelte es sich durchweg um persönlich Vertraute des Kaisers, kaum um Verwandte und erst recht nicht um die Gattin und die Kinder. Wie es bei diesen Sommerreisen zuging, hat Philipp Fürst Eulenburg notiert, der engste Freund des Kaisers, aber zugleich ein genauer und zunehmend kritischer Beobachter. Zunächst überwiegt die Begeisterung. So heißt es etwa von einem Sonntagmorgen des Jahres 1889, an dem Seine Majestät persönlich als Pfarrer amtierte:

»Nach Verlesung des Evangeliums und der Epistel las der Kaiser eine kurze Predigt und schloß den Gottesdienst mit dem Vaterunser und dem Segen. Der Tag war hell und klar. Wir fuhren zwischen herrlichen Felseninseln hin, während der geliebte Kaiser in seiner schlichten, geraden Art uns Gottes Wort vortrug. Welcher deutsche Kaiser hat wohl je in solcher Form und Umgebung seines priesterlichen Amtes gewaltet? Es hatte etwas außerordentlich Bewegendes, diesen in Jugend und Frische strahlenden Herrn so schlicht und einfach seine Glaubensüberzeugung, seine Zugehörigkeit zum Christentum bekennen zu sehen.«

Aber bald ändert sich der Ton; schon 1894 schreibt Eulenburg: »Die Orchestermusik von früh bis abends ist auf die Dauer recht ermüdend, um nicht zu sagen ›unerträglich‹. Aber der Kaiser gehört zu den Menschen, denen Lärm einen angenehmen Eindruck macht. Man weiß nicht, wohin man fliehen soll, um den Trompeten zu entgehen.«

Einmal mehr möchte man meinen, daß auf seine Weise der Kaiser ein sehr moderner Mensch war, wenn nicht gar seiner Zeit weit voraus. Er konnte sich dank seiner Kapelle schon die ganztägige Musikberieselung leisten, die als Errungenschaft der Unterhaltungselektronik inzwischen uns alle erreicht – und die vor allem die jungen Leute von heute kaum noch entbehren wollen.

Aber wie dann erst im Jahre 1903! Eulenburg, der fortan Krankheit vorschützte, um vom Trompetenschall und allem übrigen verschont zu bleiben, vertraut seinem Tagebuch an: »Der Kaiser…saß viel in seinem Zimmer, scherzte laut mit Fahrtgenossen, die er manchmal in die Beine kneifen oder zu kitzeln liebt. – Der Widerspruch der Jahre zu der verkrampften Heiterkeit verletzt mich am meisten. Die Fahrtgenossen sind ohne Ausnahme zu hohen Würden gestiegen: Fürsten, Exzellenzen, Geheime Räte und Professoren sind aus den Grafen, Majoren und Malern geworden, und sie sind alle recht verbraucht. Aber es bleibt doch noch genug Energie, um heiter, frisch, witzig – ja geistreich zu erscheinen. So frisch, daß alles morgens turnen kann. Mich ekelt das sehr. Ich kann diese Exzellenzen, die die Kniebeugen machen, nicht mehr ertragen – und auch nicht Witze vor 9 Uhr morgens. Bisweilen frage ich mich, wie es der Kaiser erträgt, der doch auch fünfzehn Jahre älter wurde – und er stiftet oft selber das alles an.«

Es liegt nahe, von einem Sich-gehen-lassen, von einer kasino- oder kumpelhaften Vulgarität zu sprechen, die sich in Männerrunden fast immer einschleicht, wenn die Frauen fehlen. Und etwas grundlegend Wichtiges wird erkennbar: Die Bilder, die wir betrachten, zeigen die Fassade, das, was man sehen sollte oder sehen wollte, aber die tiefere Wahrheit oder Wirklichkeit zeigen sie nicht. Wiederum Eulenburg im Jahre 1903:

»Mit ganz verzerrtem Gesicht erschien der arme Herr nach der Lektüre der Berichte im Eßsaal, und jede harmlose Unterhaltung war ausgeschlossen. Krieg, Rache, Ohnmacht und ein grimmiger Zug verletzter Eitelkeit… stand auf dem blassen, nervösen Gesicht geschrieben. – Ich stehe so sehr unter dem Eindruck der Trauer, daß ich gerne sofort das Schiff verließe. Ich fühle die Tränen in mir aufsteigen, wenn ich den lieben, gütigen Herrn...in maßlosen Ausfällen gegen allerhand Windmühlen höre und sein in Heftigkeit ganz entstelltes Gesicht sehe. – Der arme, arme Kaiser! – wie zerstört er alles um sich, was sein Halt, sein Stolz sein sollte.«

Ein grimmiger Zug verletzter Eitelkeit: Daß Wilhelm II. seinen besten Freund, der derlei notierte, wie einen Aussätzigen fortstieß, als er drei Jahre später in einen Skandal gezerrt wurde, verwundert kaum.

Doch zurück zu den Ansichtspostkarten. Neben den Bildern, die Seine Majestät als den Regenten zeigen, spielen die aus dem engeren oder weiteren Kreise seiner Familie eine große Rolle. Das kommt kaum von ungefähr. Denn die Monarchie *ist* ein Familienunternehmen, und es geht nicht bloß um den jeweiligen Fürsten, der die politische Einheit repräsentiert, sondern zugleich um das Vor-Bild einer glücklichen, gesegneten Familie, das die Gemüter und die Herzen anrührt. Fast möchte man meinen, daß die bürgerliche Gesellschaft eines solchen Vor-Bildes um so dringender bedarf, je mehr ihre überlieferte Moral zerfällt. Der einzelne klammert sich gerade dann ans Beispiel einer heilen und herzigen Welt, wenn in seiner eigenen die Risse sich mehren oder sie gar zu Scherben zerfällt.

Eine moderne Monarchie gerät darum in Schwierigkeiten, wenn zwar der Monarch oder wie jetzt in England die regierende Königin sich untadelig zeigt, aber im Kreis der Familie die Probleme sich häufen. In den älteren Verhältnissen gehörten dagegen die Seitensprünge oder »Ehen zur linken Hand«, die Liebhaber und Mätressen eher zur Regel als zu den Ausnahmen, und sie schmälerten den Ruhm keineswegs. Man denke an den »Sonnenkönig« Ludwig XIV. in Frankreich, an August den

Starken von Sachsen oder an die russische Zarin Katharina, der, wie sonst kaum jemals einer Frau, der Ehrentitel »der Großen« zufiel, obwohl doch ihre sexuellen Ausschweifungen jene Grenzen bei weitem sprengten, die eine herkömmliche oder die neuere Moral gewahrt sehen möchte.

An den Ansichtspostkarten gemessen, zeigt die Hohenzollerndynastie sich als hochmodern. In immer neuen Spielarten sehen wir die Bilder eines makellos glücklichen Familienlebens, das mit Kindern und Enkeln reich gesegnet ist (S. 63, 74, 77, 131). Diese Bilder sprechen für sich. Sie wirken so anrührend und bisweilen auch so komisch, wie alte Familienfotos allüberall, die wir als vergessene Schätze in verstaubten Alben oder Kartons auf dem Dachboden entdecken. Wenn wir allerdings auf einer Postkarte »die Söhne und Töchter unseres Kaiserpaares« zu sehen bekommen (S. 73) und elf Kinder zählen, dann ist das übertrieben. Es waren sechs Söhne und eine Tochter, zu denen hier schon der Schwiegersohn und drei Schwiegertöchter hinzutreten.

Ob indessen das Familienleben Wilhelms II. wirklich so glücklich war, wie es in seinen Darstellungen erscheint, ist durchaus die Frage. Die Kaiserin fühlte sich verletzt und zurückgesetzt, weil sie sich von vielen Unternehmungen ihres Gemahls ausgeschlossen sah, nicht nur von den Nordlandreisen. Es gab Streit wegen der Kindererziehung und anderer Fragen; heftige Szenen trieben mehr und mehr einer nur mühsam vertuschten Ehekrise zu. In einem Brief an Bernhard von Bülow schrieb Eulenburg am 24. September 1900, was der Kaiser ihm während einer Bahnfahrt als einen »recht traurigen, peinlichen Herzenserguß« aus seiner Sicht anvertraute: »Die Kaiserin hatte die *ganze Nacht* Szenen gemacht mit Weinen und Schreien. Um 2 Uhr war der Kaiser erst etwas zum Schlaf gekommen. Um 6 Uhr hatte es von neuem begonnen. Ein vollständiger Paroxismus. Der Kaiser sprach mir in großer Ruhe davon, eher traurig. Er sagte mir: ›Ich bin völlig ratlos. Was soll Ich tun? Diese Krisen und Szenen machen Mich tot. Ich kann es nicht aushalten. Die Kaiserin ist krank – krank durch eine völlig, für eine Kaiserin *unmögliche* Tageseinteilung. Sie kann nicht bürgerliche Mutter, zärtliche Gattin und regierende Kaiserin zugleich sein. Sie ist am Ende ihrer Kräfte angelangt und wird sich und Mir zur Unmöglichkeit. Es muß Rat geschaffen werden – und Ich weiß nicht, wie? Sage Mir um Gottes Willen, wie da zu helfen ist, denn der Gedanke, die arme Kaiserin in einer Kaltwasseranstalt endigen zu sehen, ist so entsetzlich, daß Ich ihn nicht fassen kann!‹«

Zu solch einem Ende ist es dann doch nicht gekommen; die Fassade blieb gewahrt. Aber von einer heilen Familienwelt kann

Am 3. November 1913, war das Paar unter dem Jubel der Bevölkerung in seine Residenz in Braunschweig eingezogen. Ernst August hatte auf das hannoversche Erbe verzichtet und war nun legitimiert, den Thron in Braunschweig zu übernehmen.

man schwerlich sprechen, übrigens auch beim Kronprinzen nicht, der als ein Schürzenjäger von Graden bekannt war.

Ansichtspostkarten wurden natürlich nicht nur den Hohenzollern, sondern auch den anderen deutschen Fürsten und ihren Familien gewidmet, um sie bei den jeweiligen Landeskindern populär zu machen. Da dieses Buch sich aufs Kaiserhaus konzentriert, mögen Beispiele genügen (S. 67, 69). Sie reden von der Idylle im Schatten einer mächtigen Monarchie, und bisweilen wirken sie wie Illustrationen zu Thomas Manns Roman ›Königliche Hoheit‹, der im Jahre 1909 erschien; man betrachte etwa den Prinzen Heinrich zu Schaumburg-Lippe (S. 71). Es mag sein, oder jedenfalls ist es nicht abwegig sich vorzustellen, daß der Dichter solch ein Bild gesehen hat, es mit einem Lächeln betrachtete und von ihm sich anregen ließ. Freilich vermerkt der Gothaische Genealogische Hofkalender, daß dieser Prinz, Sohn des regierenden Fürsten Adolf, protokollgerecht als »Hochfürstliche Durchlaucht« hätte angeredet werden müssen.

Eine besondere Serie ist dem Prinzen Ernst August von Cumberland, Herzog zu Braunschweig und Lüneburg, zugleich Königlicher Prinz von Großbritannien und Irland, und seiner Gemahlin, der Kaisertochter Viktoria Luise gewidmet (S. 22, 133). Bei diesem Paar wäre die Anrede »Königliche Hoheiten« korrekt gewesen. Die Hochzeit fand am 24. Mai 1913 statt und wurde stark beachtet, weil sie sich als Zeichen der Aussöhnung zwischen dem 1866 im Königreich Hannover zum preußischen Vorteil vom Thron gestoßenen Welfenhause und dem Hause Hohenzollern deuten ließ.

Die braunschweigische Serie führt bereits in den Krieg hinein, der alles verändert. Selbstverständlich gibt es die Ansichtspostkarten weiterhin oder erst recht, denn die vaterländische Erbauung gewinnt jetzt eine zentrale Bedeutung. Zudem geht es oft um wohltätige Zwecke; Geld soll für die Verwundetenpflege gesammelt werden, für die – wie man eigens dokumentiert sieht (S. 45) – Ihre Majestät die Kaiserin und Ihre Königliche Hoheit die Kronprinzessin sich einsetzen, anderen Damen aus den hohen und gehobenen Ständen zum Vorbild.

Aber man muß wohl bezweifeln, ob für den vaterländischen Zweck erreicht wurde, was eigentlich erreicht werden sollte. »Kaiser Wilhelm II. im Felde« (S. 43) wirkt eher sorgenverloren als mitreißend, und »Unser Kaiserpaar im Westen« (S. 135) läßt an Pensionäre denken, die ihrem verlorenen Beruf nachtrauern und Spaziergänge unternehmen, um der Langeweile zu entkommen. Unwillkürlich wandern beim Betrachten unsere Vor-

stellungen schon voraus ins Exil: Wenig oder nichts müßte sich ändern, falls in der Unterschrift ein Wort ausgetauscht wäre: »Unser Kaiserpaar in Doorn«. Man betrachte das Bild, das dann tatsächlich aus der Verbannung stammt (S. 52)!

Vollends »Unser Kronprinz vor seinem Hauptquartier« (S. 136), dürfte statt der Begeisterung eher Befremden ausgelöst haben. Denn wir erkennen nicht den Heerführer, der sich um seine in den Schlamm gegrabenen, dem Trommelfeuer ausgesetzten Soldaten sorgt, sondern einen schneidigen Herrenreiter.

Wir meinen zu sehen und damit zu wissen, daß er auf die Meute hechelnder Hunde wartet, die ihn zur fröhlichen Fuchsjagd begleiten sollen.

Nein, die wahren Herren des Krieges, Hindenburg und Ludendorff, sahen anders aus (S. 40, 41). Ein weiteres Bild, »aufgenommen von Ihrer Majestät der Kaiserin und Königin im Juli 1915«, verrät ungewollt etwas von der Verschiebung der Macht, die sich anbahnte. Im Mittelpunkt steht Hindenburg; der Kaiser dagegen, an die Seite gerückt, wirkt wie sein Adjutant oder Gehilfe aus dem Generalstab (S. 49). Am Ende, nur um zehn oder fünfzehn Jahre später, schreitet dann der greise Feldmarschall als ein deutscher »Ersatzkaiser« auf uns zu (S. 112).

Im November 1918 zerbrach die Monarchie; im Dezember

besetzten revolutionäre Matrosen der einst so stolzen Hochseeflotte das Berliner Stadtschloß. Auch Plünderungen kamen vor. Nachdem regierungstreue Truppen die Ordnung wiederhergestellt hatten, besichtigten der Sozialdemokrat Rudolf Breitscheid, in dieser Zeit der preußische Innenminister, und Harry Graf Kessler das Schloß. Kessler notierte in seinem Tagebuch: »Was den Matrosen an den Plünderungen zuschulden kommt, scheint nicht festzustellen. Die Privaträume, Möbel, Gebrauchsgegenstände, übriggebliebenen Andenken und Kunstobjekte der Kaiserin und des Kaisers sind aber so spießbürgerlich nüchtern und geschmacklos, daß man keine große Entrüstung gegen die Plünderer aufbringt, nur Staunen, daß die armen, verschreckten, phantasielosen Wesen, die diesen Plunder bevorzugten, im kostbaren Gehäuse des Schlosses zwischen Lakaien und schemenhaften Schranzen nichtig dahinlebend weltgeschichtlich wirken konnten. Aus dieser Umwelt stammt der Weltkrieg oder was an Schuld am Weltkrieg den Kaiser trifft: aus dieser kitschigen, kleinlichen, mit lauter falschen Werten sich betrügenden Scheinwelt seine Urteile, Pläne, Kombinationen und Entschlüsse. Ein kranker Geschmack, eine pathologische Aufregung die allzu gut geölte Staatsmaschine lenkend! Jetzt liegt diese nichtige Seele hier herumgestreut als sinnloser Kram. Ich empfinde kein Mitleid, nur, wenn ich nachdenke, Grauen und ein Gefühl der Mitschuld, daß diese Welt nicht schon längst zerstört war, im Gegenteil in etwas andren Formen überall noch weiterlebt.«

Sogar die Ansichtspostkarten lebten kaum verändert weiter. Als sei nichts geschehen, posierten der Kaiser und der Kronprinz im Wechsel ihrer Uniformen, ordensgeziert (S. 55, 111). Und stolz zeigte Wilhelm II. sich neben seiner zweiten Gemah-

lin Hermine, einer verwitweten Prinzessin von Schönaich-Carolath, geborenen Prinzessin Reuß (S. 52). Immerhin nehmen hier wie bei den späteren Aufnahmen zivile Bilder allmählich zu (S. 83, 113). Die Hochzeit fand 1922 statt, nachdem die Kaiserin Auguste Viktoria 1921 gestorben war. Auch die Hochzeit des Enkels Louis Ferdinand mit Kira Kirillowa, Großfürstin von Rußland, sehen wir dokumentiert; sie wurde 1938 begangen (S. 138). Bald schon begegnen wir dem Urenkel (S. 53).

Auf diesen späten Bildern ist aus dem stolzen Kaiser ein Greis geworden, der seltsam verkleinert wirkt. Etwas wie eine späte, gebrechliche Würde scheint um den alten Mann zu sein, die uns anrühren könnte, wenn wir nicht wüßten, wie wenig Einsicht ihm in seinem Exil zuwuchs – und welch einer Taktlosigkeit er bis zuletzt fähig blieb.

Ohnehin marschierten seine Söhne in den Reihen des »Stahlhelm« wider die Republik (S. 114), und Prinz August Wilhelm stellt sich gar als Parteigänger Hitlers vor. Auf dessen Geheiß wirkte dann im Juni 1941 die Wehrmacht an der Beisetzung des Kaisers mit.

»Zu Großem sind wir noch bestimmt, und herrlichen Tagen führe Ich euch noch entgegen«, hatte Wilhelm II. 1892 gesagt. Aber seine Regentschaft führte in die Katastrophe des Krieges, und nur vier Jahre nach ihm starb das Reich der Deutschen, als seien Zerstörung und Tod seit jeher die Ziele gewesen.

Christian Graf von Krockow im dtv

Die Stunde der Frauen
Christian Graf von Krockow erzählt die dramatischen Erlebnisse seiner Schwester Libussa Fritz-Krockow in der Zeit des Kriegsendes und der Besetzung Pommerns durch Russen und Polen.
dtv 30014 / dtv großdruck 25070

Die Reise nach Pommern
Die Reise des Autors, im Sommer 1984 unternommen, läßt noch einmal Geschichte und Leben seiner Heimat Pommern erstehen. Das Buch ist aber auch ein Beitrag zu Vernunft und Ausgleich für die Zukunft von Deutschen und Polen.
dtv 30046

Politik und menschliche Natur
Dämme gegen die Selbstzerstörung

Eine Absage an die Selbstzerstörung auf unserem Planeten, aber auch an Heilsentwürfe jeder Art.
dtv 11151

Friedrich der Große

Christian Graf von Krockow zeichnet in diesem lebendigen Essay ein bewegendes Bild des Menschen Friedrich, das Generationen hindurch vom Glanz und vom Nachruhm des Königs nahezu verdeckt war.
dtv 30342

Fahrten durch die Mark Brandenburg

Ein literarischer Reisebericht auf den Spuren Fontanes. Im Sichtbaren der Gegenwart wird Vergangenes lebendig, in den Geschichten einzelner Menschen die Geschichte Preußens und dann auch Deutschlands.
dtv 30381

Begegnung mit Ostpreußen

Eine Reise in die Vergangenheit und Gegenwart Ostpreußens. Keine Chronik, sondern eine Liebeserklärung an Ostpreußen.
dtv 30493

»Unser Kaiser«
Glanz und Sturz der Monarchie

Eine brillante Analyse der letzten deutschen Monarchie und ihres Kaisers Wilhelm II.
dtv 30539 (Juni 1996)

Deutsche Geschichte der neuesten Zeit

Peter Burg:
Der Wiener Kongreß
dtv 4501

Wolfgang Hardtwig:
Vormärz
dtv 4502

Hagen Schulze:
Der Weg zum Nationalstaat
dtv 4503

Michael Stürmer:
Die Reichsgründung
dtv 4504

Richard H. Tilly:
Vom Zollverein zum Industriestaat
dtv 4506

Helga Grebing:
Arbeiterbewegung
dtv 4507

Hermann Glaser:
Bildungsbürgertum und Nationalismus
dtv 4508

Michael Fröhlich:
Imperialismus
dtv 4509

Gunther Mai:
Das Ende des Kaiserreichs
dtv 4510

Klaus Schönhoven:
Reformismus und Radikalismus
dtv 4511

Horst Möller:
Weimar
dtv 4512

Peter Krüger:
Versailles
dtv 4513

Corona Hepp:
Avantgarde
Moderne Kunst, Kulturkritik und Reformbewegungen nach der Jahrhundertwende
dtv 4514

Fritz Blaich:
Der Schwarze Freitag
dtv 4515

Martin Broszat:
Die Machtergreifung
dtv 4516

Norbert Frei:
Der Führerstaat
dtv 4517

Bernd-Jürgen Wendt:
Großdeutschland
dtv 4518

Hermann Graml:
Reichskristallnacht
dtv 4519

Hartmut Mehringer:
Emigration und Widerstand
dtv 4520 (i. Vorb.)

Lothar Gruchmann:
Totaler Krieg
dtv 4521

Wolfgang Benz:
Potsdam 1945
dtv 4522
Die Gründung der Bundesrepublik
dtv 4523

Dietrich Staritz:
Die Gründung der DDR
dtv 4524

Kurt Sontheimer:
Die Adenauer-Ära
dtv 4525

Ludolf Herbst:
Option für den Westen
dtv 4527

Peter Bender:
Die »Neue Ostpolitik« und ihre Folgen
Vom Mauerbau bis zur Vereinigung
dtv 4528

Thomas Ellwein:
Krisen und Reformen
Die Bundesrepublik seit den sechziger Jahren
dtv 4529

Helga Haftendorn:
Sicherheit und Stabilität
Außenbeziehungen der Bundesrepublik zwischen Ölkrise und NATO-Doppelbeschluß
dtv 4530

Taschenbücher zum Dritten Reich

SACHBUCH

Robert Antelme:
Das Menschengeschlecht
Als Deportierter in Deutschland
dtv 11279

Alicia Appelman:
Alicia
Überleben, um Zeugnis zu geben
dtv 30350

Lothar-Günther Buchheim:
Mein Paris
Eine Stadt im Krieg
dtv 11354

Inge Deutschkron:
Ich trug den gelben Stern
dtv 30000

Helen Epstein:
Die Kinder des Holocaust
Gespräche mit Söhnen und Töchtern von Überlebenden
dtv 11276

Jean-Claude Favez:
Warum schwieg das Rote Kreuz?
Eine internationale Organisation und das Dritte Reich
dtv 30396

Gundolf S. Freyermuth:
Reise in die Verlorengegangenheit
Auf den Spuren deutscher Emigranten (1933 – 1940)
dtv 30345

Erika Mann:
Zehn Millionen Kinder
Die Erziehung der Jugend im Dritten Reich
dtv 11125

Danièle Philippe:
Es begann in der Normandie
Eine französische Kindheit im Zweiten Weltkrieg
dtv 10634

Lea Rosh/
Eberhard Jäckel:
»Der Tod ist ein Meister aus Deutschland«
Deportation und Ermordung der Juden, Kollaboration und Verweigerung in Europa
dtv 30306

Marion York von Wartenburg:
Die Stärke der Stille
Erzählung eines Lebens aus dem deutschen Widerstand
dtv 10772

WISSENSCHAFT

Hitlers Machtergreifung 1933
Herausgegeben von Josef und Ruth Becker
dtv 2938

Rudolf Höß:
Kommandant in Auschwitz
Autobiographische Aufzeichnungen
dtv 2908

Ian Kershaw:
Hitlers Macht
Das Profil der NS-Herrschaft
dtv 4582

Legenden, Lügen, Vorurteile
Ein Wörterbuch zur Zeitgeschichte
dtv 3295

Kurt Meier:
Kreuz und Hakenkreuz
Die evangelische Kirche im Dritten Reich
dtv 4590